스포츠 생각 60

이학준 지음

북스힐

머 리 말

스포츠 생각뿐이다. 스포츠에 대하여 학생들과 말하고, 글을 쓰고, 생각하고, 연구하고, 스포츠 덕분에 먹고살고 있다. 온통 내 머릿속에는 스포츠뿐이다. 먹고사는 것, 생활하는 것 모두가 스포츠로 생각하고, 스포츠로 이해하는 수준이다. 주변 또한 스포츠와 관련된 것들뿐이다. 내 인생은 스포츠에서 벗어나지 못할 것 같다. 어떻게 보면, 스포츠는 내 운명이다. 운명을 거역할 수 없다면 스포츠와 더불어 살아야 한다. 그것도 재미있게 스포츠를 공부하면서 말이다.

여기저기에 타율이든 자율이든 글을 쓰게 된다. 칼럼과 논평, 서평이 대부분이다. 이 글들이 모여서 책 분량이 되었다. 그대로 내버려 두기는 못내 아깝다. 글의 생명을 지속해 주기 위해 책이라는 그릇에 담게 되었다. 남들은 이러한 글에 대하여 논문이 되지 못하는 잡문이라고 한다. 하지만 나에게는 잡문이 논문 이상으로 소중하다. 내 생각을 짧은 문장 안에 집어넣었기 때문에 내 생각을 더 잘 표현해 준다. 그래서 온 정신을 응축하여 글쓰기에 빠져서 얻은 결과다.

스포츠 생각은 60개다. 단번에 모두 읽기보다는 조금씩 읽어 가면 좋을 것 같다. 저자의 생각과 독자 생각의 틈이 얼마나 큰지 혹은 작은지를 확인하면서 읽는다면 재미를 더할 것이다. 이 외에 자신의 생각의 깊이와 넓이를 확장하는 계기가 될 것으로 본다. 짧지만 생각해 볼 만한 문제를 다루었기 때문에, 읽고 생각하다 보면 스포츠 생각에만 머무르지 않는다. 스포츠로 생각하기가 이어져 스포츠로 세상을 읽어 나갈 수 있는 안목도 키워질 것이다.

세상살이는 누군가의 도움 없이는 하나도 이룰 수 없다. 간단하지만 큰 세상 이치를 살아가면서 깨우치고 있다. 가족들의 고마움, 강의를 배려해 주셔서 살아갈 희망을 주시는 교수님들, 함께 만나 공부하는 연구회 선생님들 모두가 있어 행복하다. 부족한 책이지만 내 생각이 담겨 있기 때문에 저자에게는 소중하다. 이 책을 읽을 기회를 가진 분들에게 생각이 생각을 낳아 좋은 글이나 논문의 실마리가 되고 생각의 깊이와 폭이 진화하기를 기대한다. 읽고 난 후에 지적과 편달을 해 준다면 감사하겠다.

2009년 2월

이 학 준

차 례

1부
스포츠 속 사회를 생각하다

01 스포츠 신문에 스포츠가 없다!

붕어빵에는 붕어가 없다고 아들 녀석은 말한다. 왜 없냐고, 6살 된 꼬마에게는 참 이상한 일이다. 세상에는 이상한 일이 한두 가지가 아니다. 참 이상한 일도 많다. 말과 현실이 일치하지 않는 일이 어디 스포츠 신문뿐이겠는가. 광고만 믿고 물건을 사면 후회되는 일일 종종 생긴다. 광고와 상품은 차이가 크기 때문이다. 과장 광고라고 것을 알면서도 매번 넘어간다. 형식과 내용, 간판과 능력, 이름과 실력의 차이는 사회 어디에서나 볼 수 있다.

스포츠 신문에도 스포츠 기사가 별로 없다. 연예나 오락, 광고가 신문의 대부분을 차지한다. 차라리 스포츠 신문보다는 연예 신문이나 광고 신문이라고 하면 더 잘 어울릴 것이다. 그럼에도 불구하고 스포츠 신문을 고집하는 이유는 무엇일까? 그 이유는 스포츠의 건전성과 적극성, 그리고 남녀노소 누구에게도 부정적인 이미지를 갖지 않는 장점이 있기 때문이다. 간단하게 말하면, 누구에게나 아무런 거부 반응이 없다는 것이다. 누구나 접근성이 용이하기 때문이다. 쉽게 다가설 수 있는 친근감을 스포츠는 가지고 있다.

이름을 바꾸어야 한다고 사람들은 스포츠 신문을 비난한다. 스포츠라는 이름을 왜곡시키지 말라고 항의한다. 우리가 원하는 기사는 전문성 있는 스포츠 기사다. 하지만 현실은 우리를 충족시키지 못한다. 스포츠 기사보다는 신문 판매 부수만을 늘리는 기사가 대부분이라고 해도 과언이 아니다. 우리를 만족시키는 스포츠 신문을 만들면 아마 신문사를 문 닫아야 할지 모른다.

발행 부수 증가만을 위해서 수영복 입은 여자 사진이 1면을 장식한다. 1면에 여자가 등장하는 이유는 단순히 판매 부수에 따른 광고 유치 때문이다. 신문사는 광고로 먹고산다. 광고를 위해 여자 사진을 빼놓지 않고 싣는다. 그렇게 돈을 벌어들여 일간 신문을 먹여 살린다. 스포츠 신문을 읽는 세대는 젊은 세대다. 다양한 계층을 충족시키기보다는 젊은 세대에 한정하여 기사를 쓴다. 가십거리는 많지만 정말 읽을 기사는 없다.

스포츠 신문은 전문 기자가 부족하여 전문성을 가지지 못하고 있다. 전문 기자들이 써야 함에도 불구하고, 전문성이 부족한 기자가 기사를 쓰기 때문에 늘 부족하다. 전문성을 갖춘 기자가 없다는 것이 스포츠 신문이 갖는 한계다. 한 명의 기자가 여러 종목의 기사를 써야 하는 현실에서 전문성을 갖기는 좀처럼 어렵다. 그래서 심층 기사보다는 경기 결과를 보도하는 정도에 머문다. 전문 기자가 있어야 세계 경기 수준과 한국 스포츠의 문제점을 분석하고 미래 방향을 제시해 줄 수 있다. 전문가가 없기 때문에 단편적인 기사에 머무를 수밖에 없다. 이것 때문에 스포츠 신문에 스포츠가 없다고 말하는 것이다.

스포츠 신문은 판매 부수에만 매달린다. 어쩌면 당연한 일이다. 하지만 그 정도가 지나칠 때 부족함만 못하다. 과잉된 경쟁은 스포츠 신문의 질을 떨어뜨릴 가능성이 높다. 스포츠 신문사들 간 경쟁을 하다 보니까 판매 부수만 신경 쓴다. 자극적인 기사나 연예 기사를 스포츠 기사보다 많이 보도한다. 그 이유는 하나, 돈이 되기 때문이다. 스포츠 신문이 돈을 벌기 위해서 자극적인 사진 등을 게재한다.

스포츠 신문 기자들도 자신들의 기사가 성적 자극과 단순한 가십의 기사만을 가지고 있다는 것을 잘 알고 있다. 그럼에도 불구하고 그 틀에서 벗어나지 못하는 이유는 신문사의 구독률 때문이다. 돈의 논리 때문에 전문 기사를 쓰지 않는다. 능력이 없기 때문이 아니다. 그들은 전문 기사를 쓸 충분한 능력을 가지고 있다. 왜냐하면 경쟁률 높은 언론 고시를 합격하였기 때문이다. 하지만 기자들은 기자 정신을 상실하였고, 단지 판매 부수만 늘리는 글쓰기에 매달린다. 신변잡기식의 글을 쓰기 위해서 기자가 된 사람은 없을 것이다. 그럼에도 불구하고 이 같은 글쓰기를 하는 것은 신문사주의 강요 때문이다.

판매 부수의 증가라는 당면한 목표를 달성하기 위하여 스포츠 신문은 무한질주 한다. 그 한 예가 돈 되는 황색 저널리즘을 추구하는 것이다. 시민단체들이 수없이 경고를 하고 있지만 폐간된 신문은 아직 없다. 성적 자극을 하는 문구나 사진은 여전히 줄지 않고 있다. 논리는 단순하다. 신문 판매 부수가 광고비의 수준을 결정하기 때문이다. 팔려야 살 수 있다. 그렇기 때문에 신문사 역시 자신들의 황색 저널리즘의 문제를 인식하지만 눈앞에 이익 때문에 방관할 수밖에 없다. 현실은 잔혹하다.

지금 스포츠 신문은 성적 호기심을 자극하기 위해 수영복 차림의 여성 사진을 보도하는 옐로우 저널리즘에 사로잡혀 있다. 전투적인 용어로 사령관, 사단, 폭격기 등이 넘쳐 난다. 그리고 연예인의 사생활이 그대로 폭로된다. 이 외에도 스포츠 신문은 프로 스포츠에 집중 조명을 한다. 아마추어 경기에는 별 관심이 없다. 직접 돈 되는 것만을 관심 가질 뿐이다. 판매 부수 때문에 어쩔 수 없다는 변명으로 일관하기보다는 다른 스포츠 신문과 차별성을 가지면서 스포츠의 전문성 있는 기사를 보도하는 것이 더 절실하게 필요하다.

세상에는 이름값 하지 못하는 것들이 많다. 그 중의 하나가 스포츠 신문이다. 이름과 내용이 달라 실망하는 일이 많다. 적어도 스포츠 신문은 이름값을 해야 한다. 이를 위해서는 스포츠 기사가 지면에 넘쳐 나야 한다. 그것도 경기 결과 보도에 대한 내용보다는 각 경기에 대한 전문적인 깊이와 폭이 넓은 기사를 말이다. 스포츠 기사란 단순히 경기 결과를 보도하는 차원에서 끝나는 것이 아니다. 세계 수준의 경기 분석과 국내 스포츠 문화의 진단과 처방을 통하여 방향을 제시하는 역할을 해야 한다. 그래서 붕어빵에는 붕어가 없지만 스포츠 신문에는 스포츠가 있다는 상식이 지켜지기를 기대한다.

02 칼질 함부로 하지 마라

2006년 1월 6일 대한펜싱연맹은 코칭스태프의 지시 불이행과 대표팀 훈련 소홀 책임을 물어 현 국가대표 남현희 선수에게 자격 정지 2년이라는 중징계를 내렸다. 남 선수가 대표팀 훈련에 불참한 이유가 성형 수술 때문이라는 사실이 알려지면서 논쟁이 확산되었다. 이번 논쟁의 키워드 남현희 선수, 성형 수술, 대한펜싱연맹 등이 모두 칼과 관련이 있다. 서로 다른 세 가지 이유 있는 칼질에 대하여 알아보자.

대한펜싱연맹의 남현희 선수에 대한 칼질은 이유 있는 칼질이다. 선수에 대한 징계는 정당화될 수 있는 문제다. 연맹 차원에서 선수가 규칙을 지키지 않았다면 이를 대상으로 징계를 하는 것은 당연하다. 하지만 징계 범위를 결정하는 데 있어서 선수 입장과 그 선수의 장래에 대하여 고려하지 않은 것은 문제가 된다. 선수들의 정신적 해이나 선수 기강 확립 차원에서 시범을 보여 주기 위해 한 선수를 희생으로 삼는 것은 가혹한 행위다. 공과 사를 구별하는 연맹의 칼질은 정당하지만 아쉬움이 남는다. 선수의 장래가 달린 문제를 연맹에서 일방적으로 단칼에 베어 버리는 것은 위험하다.

누가 봐도 자격 정지 2년은 과잉 징계다. 남현희 선수에게 잘못은 분명 있고 이를 선수가 수용하고 있는 입장이다. 그 잘못에 대한 징벌 정도는 주의 혹은 경고, 그것도 가벼운 징계라면 대표선수 자격 박탈 정도가 적당하다. 물론 선수들의 기강 확립과 규율을 강화하기 위하여 내릴 수밖에 없었다는 연맹의 말은 납득이 간다. 하지만 2년간의 선수 생활의 중단은 은퇴와 같다. 이 문제의 핵심은 선수의 잘못과 협회의 과잉 징계의 대립이다.

성형 의사의 칼질은 아름다움을 목표로 한다. 여자가 아름다움을 추구하는 것은 죄가 될 수 없다. 얼굴을 칼질해서 자신감을 찾을 수 있다면 성형은 권장할 만하다. 외모 때문에 세상과 맞서지 못하는 여성에게 성형은 필요하다. 성형을 통하여 열등감에서 완전히 벗어나 당당하게 세상과 맞서 살아갈 수 있다면 칼질은 아름답다. 그 칼질에 따라 한 여성은 외모에 자신감을 회복하고 세계를 맞서 올림픽에서 금메달을 향하여 노력할 수 있도록 도움을 준다면 이유 있는 칼질이다.

남현희 선수의 칼질은 세계를 향한 것이다. 그 칼질은 이미 국제대회에서 금메달을 수상한 적이 있다. 이 기세를 몰아 올림픽 금메달을 향하여 칼질을 하는 것이 정상이다. 실력

있고 장래가 기대되는 선수에게 자격 정지 2년은 너무한 징계다. 남 선수는 자신의 칼질이 세계 최고가 될 수 있게 노력을 하여야 한다. 성형 수술을 해야 한다고 대표팀 훈련에 불참하는 것은 징계 사유에 해당된다. 잘못은 분명 인정해야 한다. 하지만 대표 자격 박탈은 가능하지만 선수 자격 2년은 한 선수를 죽일 수 있다.

칼은 잘 써야 한다. 칼을 잘만 쓰면 아름다움도 얻을 수 있고 올림픽 금메달도 딸 수 있다. 하지만 함부로 칼질을 하면 사람이 죽고 인생이 끝나는 경우도 있다. 칼은 강도에게 사람을 죽이는 칼이 되고, 의사에게는 생명을 살리는 칼이 된다. 누가 어떻게 사용하느냐에 따라서 칼의 성격이 바뀐다. 대한펜싱연맹의 칼날이 선수를 죽이는 칼이 아니라, 선수를 살리는 칼이 되어야 한다. 선수에게 향한 칼날의 끝이 이제는 세계를 향해야 한다. 생명을 살리는 칼질이 우리에게 필요하다. 칼로 먹고사는 사람들이 칼질을 함부로 하지 말아야 한다. 안 그러면 사람이 다친다.

(2006. 1. 8)

03 병역 혜택은 희망사항일 뿐인가

인터넷 문화의 확산으로 온라인 게임의 인기는 급상승하고 있다. 온라인 PC방은 여기저기에서 찾을 수 있다. 그만큼 수요가 많다는 것을 입증한다. 젊은 세대에게 온라인 게임은 일종에 공동의 취향이다. 심지어 국내에서 세계적인 게임 대회가 개최되고 엄청난 광고와 마케팅이 도입되었다. e-sport라고 부르면서 참여하는 인원도 일반 프로 스포츠 관중보다 많다. 이러한 시대 상황을 외면할 수는 없다.

프로 게이머는 신종 직업으로, 프로 운동선수의 인기를 넘어서고 있다. 이들은 젊은 층에게 새로운 우상이 되고 있다. 장래 희망이 프로 게이머인 어린이들이 많다. 이들은 어른들의 세계에서는 잘 알려지지 않았지만, 아이들의 또래 집단에서는 너무나 일상적인 인기 스타다. 특히 우리나라는 세계적인 IT 산업 강국의 이미지를 가지고 있기 때문에 온라인 게임에 대한 관심이 클 수밖에 없다.

하지만 프로 게이머들에게 고민이 하나 있다. 대한민국 남자에게 피할 수 없는 병역 문제다. 특히 병역 문제는 운동선수들에게 중요한 문제가 아닐 수 없다. 작년 선수 생명 연장을 위한 야구 선수들의 병역 비리가 문제가 된 적이 있다. 월드컵 축구 선수들은 병역법을 고쳐서 병역 혜택을 받기도 했다. 운동선수들에게 합법적 병역 혜택의 길은 마련되어 있지만, 병역 혜택을 받기란 쉽지 않다. 군국체육부대라는 운동선수 출신의 병사들이 훈련받을 수 있는 곳이 마련되어 있지만, 제한적이라는 데 한계가 있다.

바둑의 이창호 역시 병역 혜택의 문제가 제기된 적이 있다. 바둑기사 또한 운동선수와 같은 선상에서 병역 혜택을 주어야 한다는 목소리들이 있었다. 온라인 게임이 스포츠인지 아닌지 구분하는 것 역시 국가 발전에 공헌하는 바가 큰지 아닌지를 잣대로 삼아야 한다. 이번에 제기된, 프로 게이머들의 병역 혜택을 주려는 발상은 이들이 군 생활을 통해서 자신의 게임 감각을 잃을 수 있기 때문에 지속적 프로 게이머로서 활동하도록 돕는 데 있다. 하지만 병역 문제는 형평성이 문제가 된다. 비난의 대상이 되기 때문에 쉽지 않은 문제다.

온라인 게임을 스포츠로 볼 것인가 하는 문제 역시 이와 관련이 있다. 나는 온라인 게임도 스포츠로 인정하고 합법적 병역 혜택의 길을 마련해 주어야 한다고 생각한다. 시대는 변하고 있기 때문에 스포츠 개념 역시 열린 개념이 되어야 한다. 변화에 맞는 스포츠 개념과 병역 혜택의 수정도 필요하다. 온라인 게임을 단순히 개인의 오락게임 수준에서 봐서는 안 된다. 세계적인 게임강국과 인터넷 산업을 발전시키기 위해서도 프로 게이머들에게 합법적인 병역 혜택의 길을 마련해 주는 것이 시대적 흐름이다.

시대의 흐름을 읽을 수 있어야 한다. e-스포츠, 사이버 스포츠, 유비쿼터스 스포츠 등, 이른바 탈(脫)육체성 스포츠가 넘쳐 나고 있다. 이를 인정할 필요가 있다. 프로 게이머들은 게임 산업에 많은 영향을 미치고 있기 때문에 국가 발전에 기여하는 바가 많다. 운동선수뿐만 아니라 프로 게이머에게도 병역 혜택의 길을 만들어 주는 것이 필요하다. 하지만 누구나 합리적인 이해가 가능하게 합법적 병역 혜택의 조건을 마련하여 엄격하게 적용해야 한다. 프로 게이머라고 모두 병역 혜택을 받는 것이 아니라, 세계적인 대회에서의 입상을 전제로 한 조건 있는 병역 혜택 기준이 마련되어야 한다.

04 그를 보면 벤 존슨이 생각난다

내 직업병인지 모르지만, 세상사 모든 일을 스포츠에 비유하는 버릇이 있다. 좋은 버릇인지 나쁜 버릇인지는 아직 잘 모르겠다. 지금 내가 얘기하려고 하는 인물은 대한민국 국민 스타에서 다시 비난의 대상으로 추락한 사람이다. 그 사람은 황우석 교수다. 황우석 교수를 보면 서울올림픽에서 화제가 되었던 벤 존슨이 생각난다.

1988년 세상을 놀라게 했던 일이 우리가 살고 있는 이 땅 위에서 일어났다. '세계가 서울로, 서울이 세계로'라는 표어가 상징하듯이 세계는 서울을 주목했다. 제24회 서울올림픽 100미터 결승전에서 세계를 놀라게 한 일이 벌어졌다. 다름 아니라 세상에서 제일 빠른 사나이가 생겨난 것이다. 캐나다 대표 벤 존슨은 100미터 세계 신기록이라는 인간 한계를 넘어서는 기록을 수립했다. 인간 한계를 넘어섰기 때문에 세계 모두가 환호했다.

세상을 놀라게 했지만 한 번 더 세상을 놀라게 한 것은 경기 후 도핑 테스트 결과다. 그의 약물 복용이 사실로 밝혀졌기 때문이다. 황우석 교수도 배아줄기세포 복제로 세상을 놀라게 하고 논문 조작으로 한 번 더 세상을 놀라게 했다. 유사한 모습이다. 사실 벤 존슨은 약을 먹지 않아도 100미터에서 우승할 확률이 아주 높은 선수였다. 우리나라 방송에서도 올림픽의 관심을 모으기 위해 벤 존슨에 대한 특집 기사를 방송할 정도였다. 너무나 당연히 그의 우승을 점쳤지만 실망으로 나타났다.

벤 존슨은 코치와 주위의 권유로 세상을 놀라게 할 계획을 한 것이다. 다른 선수가 약을 먹어도 벤 존슨의 기록은 능가하지 못했을 것이다. 황우석 교수 역시 여유를 갖고 연구를 지속했다면 분명히 연구 성과를 낼 수 있었을 것이다. 그런데 조금 더 빨리 결과물을 내놓기 위해 서둘러 한 것이 논문 조작으로 이어졌다. 새삼 왜 이런 얘기를 하냐면, 황우석 교수 역시 세계적 과학자임에 틀림없고 앞서가는 사람이라는 사실 때문이다. 그런데 세상을 놀라게 하고 싶은 마음과 세계의 경쟁자보다 좀더 앞서서 개발해야 된다는 성급한 마음 때문에 일을 그르쳤다.

서울올림픽 이후 벤 존슨은 금메달 박탈과 더불어 자격 정지를 당했다. 재기에 성공하지 못하고 추락한 것이다. 세계 신기록을 달성할 수 있는 능력을 가진 한 사나이는 부활하지 못했다. 능력만 사라지고 말았다. 벤 존슨의 경우처럼 황우석 교수도 그에게 수여된 상과 명예는 무효화되었다. 황우석 교수는 능력을 가지고 있기 때문에 이번 논문 조작으로 완전히 추락하면 안 된다. 국익을 생각하기 이전에 인간의 한계를 넘어설 수 있는 능력을 가진 사람이 사라지게 하는 것은 아쉽다.

나는 황우석 교수를 존경하고 추종하는 그런 부류의 인간은 아니다. 다만 능력 있는 학자가 추락하는 것을 보면서 장애인들의 꿈도 함께 추락하는 것이 몹시 슬프다. 남이 안 되는 것을 좋아하는 부류의 사람들이 있겠지만 황우석 교수를 너무 죽이지 말라고 당부하고 싶다. 그에게 재기의 기회를 주는 것이 능력 있는 학자를 살리는 길이다. 그를 동정하는 것이 아니라 그의 능력을 믿기 때문이다.

황우석 교수는 배아줄기세포 복제를 6개월이면 해낼 수 있다고 한다. 기간이 중요한 게 아니라 할 수 있다는 자신감의 표명이 더 중요하다. 하지만 국민 대부분이, 실망이 크기 때문에 믿지 않는다. 배아줄기세포 복제를 할 수 있는 수준에 도달한 팀은 세계에서 유일하게 황우석 교수팀뿐이다. 다른 나라는 아직 연구 중에 있다.

한 번 실수했다고 단번에 등을 돌리고 죽이는 것은 한 학자를 죽이는 것이 아니라 인류의 희망을 죽이는 일이다. 벤 존슨은 세기의 사나이가 되지 못했지만 황우석 교수는 재기하기를 기대한다. 이번 일로 연구 자체를 포기하지 말고, 연구실 밖 활동에 신경을 접고 연구실에서 팀원과 연구에 전념하는 것이 재기를 하기 위한 최후의 날갯짓일 것이다. 논문 조작으로 황우석 교수의 능력을 모두 의심하고 부인하는 것은 옳지 않다. 이제 우리는 그가 이룩한 업적에 대하여 인정할 것은 인정하고 비판할 것은 비판하는 태도를 가져야 한다.

(2006. 1. 13)

05 관중에게도 퇴장이 필요하다

1999년 11월, 우리는 대구에서 벌어진 삼성과 롯데 간의 프로 야구 플레이오프 7차전 경기에서 일부 관중들이 보여준 폭력 사태를 기억한다. 뒤지던 롯데의 선수가 홈런을 치며 추격에 불을 댕기자, 삼성을 응원하던 홈 팬들이 물병과 오물을 집어 던졌고, 양쪽 응원단 간의 투병전까지 벌어져, 경기가 30분 가까이 중단되었다. 먹다 남은 라면을 퍼붓는 등, 술 취하고 흥분한 관중들이 벌인 추태는 과연 이들에게 스포츠팬이라는 용어가 적합한 것인지 의구심을 갖게 할 정도였다.

스포츠는 선수, 경기장, 관중, 그리고 심판이 혼연일체가 되어 만들어 내는 오케스트라와 같다. 여기서 어느 것 하나 중요하지 않은 것이 없다. 한 사람의 실수(과오)는 불협화음을 만들어 내어 경기를 망치고 만다. 이런 관점에서 퇴장과 관중에 대한 관련성을 생각해 볼 필요가 있다. 일반적으로 퇴장은 심판이 선수에게 제시하는 가장 엄격한 룰이다. 이것은 일상 사회의 사형과 같은 의미를 가지고 있다. 물론 선수에게 다음 한 경기에 출장이 정지될 뿐 원상 복귀가 가능하다는 점에서 사형과는 다르지만, 선수 자신의 사람됨의 문제로는 여전히 남는다.

이제 퇴장은 선수만이 아니라 관중에게도 적용할 필요가 있다. 경기 관람에도 선수들에 대한 최소한의 예의가 필요하다. 만약 관중들이 자신의 감정을 자제하지 못하고 행동한다면, 경기는 원활하게 진행되지 못할 것이다. 물론 관중들의 좋은 관람 태도는 퇴장 제도를 필요로 하지 않는다. 그러나 점점 과격해지고 대구에서와 같은 문제가 발생할 개연성이 높은 만큼, 앞으로 퇴장 제도는 같은 일들(불상사)이 반복되지 않도록 부분적으로 도입할 필요가 있다.

선수들의 화려한 묘기와 최선을 다하는 태도에 대한 관중들의 환호와 격려의 응원은 선수들에게 힘을 준다. 그렇지 않고 관중들이 경기에 직간접적으로 영향을 준다면 선수들의 경기는 유치한 동물들의 몸 장난으로 불과할 수 있다. 선수들의 행위에 대한 관중들의 찬사는 좋은 공연을 관람하는 태도다.

스포츠는 다른 연극이나 영화 관람처럼 수동적으로 보는 것이 아니라, 능동적인 응원과 관람을 운동 경기에서 허용하고 있다. 그만큼 선수들이 경기하는 데 방해나 장해가 되게 해서는 안 된다. 만약 이런 것들을 지키지 못할 때에는 레드

카드를 관중에게 제시하고 그 관중 역시 1개월 아니면 며칠의 경기를 관람하지 못하도록 만들 필요가 있다. 물론 관중 동원이나 입장료 수입에 문제가 있겠지만, 그래도 다른 관중들을 배려하는 구단들의 차선의 방법일 것이다.

앞으로 관중에게도 퇴장이 필요하다. 특히 경기에 방해가 되는 행위는 경기를 관람할 자격이 없다고 보아야 한다. 운동 경기 또한 예술 공연과 같이 관람자의 태도가 중요하다. 원시적이고 대중적인 속성을 표출하게 하는 프로 스포츠는 연고지를 채택하여 응원과 관중의 수는 최고일 수밖에 없다.

경기장 내 폭력이나 난동과 같은 문제를 해결할 대안은 선수에게만 적용되었던 퇴장 제도를 관중에게도 도입하는 것이다. 또 다른 대안은 스포츠는 스포츠 그 자체일 뿐이라는 인식을 일깨우는 것이다. 특히 관람 스포츠는 좋은 영화 한 편을 감상하는 것처럼 승패를 떠나 선수들의 탁월한 기량과 최선을 다하는 모습에 박수를 보내는 것이 필요하다. 그렇지 않고 관중들이 과격한 폭력이나 난동을 행사한다면 심판은 관중을 향하여 레드카드를 들 수밖에 없다.

(1999. 11. 17)

06 운동선수, 운동기계, 스포츠영재

1982년 전두환의 5공화국은 국민의 관심을 정치에서 돌릴 대상을 찾아야만 했다. 그 대상이 바로 프로 야구였다. 아마도 그 시작 배경은 정치적인 목적을 가지고 대중을 우민화시키려는 정부의 의지가 개입된 3S 정책의 하나였을 것이다. 만든 배경이 정치적 목적을 담고 있어도 이 땅의 사람들에게 고교 야구가 주던 재미를 대신하여 프로 야구는 많은 재미를 주었다. 재미없는 일상의 소시민들에게 그나마 볼 재미를 준 것은 다행이라면 다행이라고 할 수 있다. 그 의도가 어디에 있든가 말이다.

볼거리가 부족한 시대에 프로 야구는 사람들에게 하나의 유익한 볼거리였다. 프로 야구는 어린이에게 희망을, 어른들에게 건전한 놀이 문화를 가져다주었다. 프로 야구는 온 국민의 기대와 관심 속에서 성장·발전해 왔다. 그러나 지역연고제를 실시하여 지역감정의 원인을 제공했다는 비판에서는 자유롭지 못한 것 또한 현실이다. 하지만 프로 야구는 국내 최고의 프로 경기로 자리 잡게 되었으며, 박찬호, 선동렬, 이종범, 조진호 등의 선수들의 해외 진출로 국민들의 야구에 대한 관심을 더욱 증대시켰다.

최근에 국민들의 기분을 상하게 하는 일련의 사건이 발생했다. 한국프로야구선수협의회 결성을 통해 선수들의 권익을 찾으려는 선수들과, 기득권을 지키기 위해 결성을 막으려는 구단 사이의 마찰이 그것이다. 이 마찰의 원인은 몇 가지로 찾아볼 수 있다.

첫째는 시기가 빠르다는 것이다. 프로 야구 구단들은 선수협의회 구성은 아직 적당한 시기가 아니라는 말이다. 그러나 80년대 민주화 과정을 경험했던 것을 들추어 볼 때, 민주화 시기는 언제라고 시기가 정해진 것이 아니라 빠를수록 좋다고 생각한다. 일본의 경우 1983년 선수회 결성이 이루어졌으며 1987년에 선수 노조가 결성되었다. 우리나라 프로 야구는 20년의 역사를 지니고 있는 만큼 선수협의회 결성은 시기상조가 아니라고 본다. 시기상조는 구단들의 변명에 지나지 않는다.

둘째, 선수회 결성을 저지하고 있는 구단들의 사고는 운동선수들을 운동기계로 간주하는 데서 나왔다고 할 수 있다. 기계들은 시키는 일만 하고 아무런 저항도 요구도 하지 않는다. 망가지고 수명을 다하면 새 기계로 갈아 바꾸면 된다는 식의 사고를 구단들은 하고 있는 것 같다.

프로 야구 경기는 운동기계들의 경기이고 그 경기를 통해

이익을 창출하면 된다는 것이 구단들의 일반적이 생각들이다. 그러나 선수들은 기계가 아니기 때문에 최소한의 인간적인 대우가 필요하다. 그들은 운동기계가 아니라 살아 있는 인간이며, 웃음을 상실한 대중들에게 즐거움을 선사하는 웃음의 마술사들과 같은 존재들이다. 구단들은 선수들에 대한 법적인 권리를 보장받을 수 있는 선수협의회 구성을 저지하지 말아야 한다.

우리들은 선수들이 최상의 조건에서 경기를 하고 그들이 최선을 다하는 모습에서 기쁨을 얻을 수 있고, 선수들의 신체적 탁월성과 최고의 기량을 선사하는 것에 대한 찬사를 보내야 한다. 나아가 선수들이 최선을 다하는 모습과 관중들의 환호가 함께하는 환경이 조성되어야 할 것이다.

이런 환경을 위해서는 선수 생명이 짧은 선수들에게 최소한의 생존 기반을 제공해야 한다. 선수들에 대하여 구단들의 횡포에 대한 법적인 보장을 받을 수 있는 선수협의회가 필요하다. 선수협의회 결성의 일차적인 문제는 구단들의 생각의 변화다. 더 이상 운동선수들은 즐거움을 생산하는 운동기계가 아니라, 우리들과 동일한 숨을 쉬는 존엄한 인간 존재들이다. 선수들의 삶에 대한 조그마한 관심이 있다면, 선수들에 대한 비인간적 대우나 처우를 삼가고 공생할 수 있는 여건을 함께 만들어 가려는 의지가 무엇보다도 요구된다.

07 나의 덩크슛, 그 맛을 누가 알리요!

스포츠의 맛은 어떤 것일까? 고등학교 시절 나는 시골 동네에서 유일하게 농구대를 가질 수 있는 사람이었다. 농구대라고 하니까 체육관에 설치된 멋있는 농구대를 연상하겠지만 내가 가질 수 있었던 농구대는 그런 것이 아니었다. 내가 손수 만들어 집 앞에 세워 놓은 농구대였다. 철근으로 링을 만들고 판자를 사다가 만들었다. 그런대로 보기 좋았다.

그 농구대에 나는 이렇게 써 놓았다. "그 맛을 누가 알리요!" 아침부터 밤늦은 시간까지 농구를 했다. 동네 사람들은 달밤에 체조한다고 웃었지만 상관없이 계속했다. 왜 그렇게 농구를 했을까? 내가 그렇게 농구를 했던 것은 바로 그 맛을 경험하고 싶은 강한 욕구 때문이었다. 그 맛은 바로 덩크슛이라는 것이다. 우연히 NBA 선수들이 하는 그 화려한 덩크슛을 나도 하고 싶었다. 그래서 하루에 1000번 이상 농구대를 잡았다.

숫을 한 것이 아니라 매일 1000번 이상 농구대를 잡았다. 농구대의 높이는 지상에서 3미터 5센티였다. 덩크슛을 하기 위해서는 적어도 손목 하나가 링 위에 올라가야 했다. 점프를 하면 할수록 높이 뛸 수 있다는 자신감이 생겨났다. 높은 점프를 위하여 뒤꿈치를 들고 걸어 다녔다. 지나가다 높이 있는 나뭇가지 잡기를 취미 생활처럼 하였다. 그렇게 질풍노도의 청소년기 시간들은 지나갔다.

과연 내가 덩크슛을 할 수 있었을까 하는 궁금증을 이 글을 읽는 분들은 가질 것이다. 물론 나는 덩크슛을 맛볼 수 있었다. 그 맛은 통쾌한 것이었다. 어떻게 덩크슛을 할 수 있었을까? 그 비밀은 바로 공에 있었다. 공이 손에 잡히면 덩크슛은 가능하다. 배구공을 손에 잡고도 자유자재로 NBA 선수들의 덩크슛을 흉내 낼 수 있었다. 그 이후 학교 운동장에 설치되어 있는 농구대에서 덩크슛은 쉽게 할 수 있었다.

이 맛은 아마 다른 사람들은 알지 못할 것이라고 생각하고 있었다. 그런데 어느 날 초등학교 운동장에서 농구를 하고 있는 고등학생들은 볼 수 있었다. 그들은 초등학교 농구대에서 화려한 덩크슛을 하고 있었다. 미 프로 농구의 그것과 별반 다르지 않았다. 농구대 높이가 낮기 때문에 화려한 덩크슛을 자유롭게 할 수 있었던 것이다. 덩크슛은 농구대 높이와 상관없이 그저 즐길 수 있으면 되는 것인데, 무리하게 키 큰 선수들이 하는 대로 할 필요가 없다는 것을 한순간 깨닫게 되었다.

전문 선수에 기죽지 말고 자기 수준에 맞게 난이도를 낮추고 그냥 즐기면 되는 것이다. 프로 수준을 생각할 필요가 없다. 나는 스포츠의 맛을 강조한다. 스포츠의 몰입을 통한 즐거움의 극치를 맛이란 용어로 표현한다. 그 맛 때문에 오늘도 운동을 하는 것이다. 그 맛을 생리학적으로 엔도르핀이라고 한다. 인체에서 생성되는 일종의 마약이다. 그 마약 때문에 운동을 한다고 설명하지만 그런 맛보다는 자연스럽게 즐기게 되는 그런 맛을 기대하기 때문에 스포츠를 한다. 이 글을 읽는 분들도, 스포츠는 그냥 즐기면 되는 것이지 다른 사람을 의식할 필요는 없다.

지금 수영의 영법은 배영, 접영, 평영, 자유형 네 가지만 있겠지만, 이 영법들은 획일화되고 표준화된 것일 뿐이다. 자신만의 영법을 개발하고 즐기면 된다. 그것이 개 수영이면 어떠랴. 나만의 스타일인데 누구도 할 수 없는 그 영법을 하고 있지 않은가. 아마 수천 년 전의 수영의 비법일지 어찌 알겠는가. 자신만을 스포츠를 즐기면서 스포츠의 맛을 찾아보자. 과일의 맛이 다양한 것처럼 스포츠의 맛도 다양하다. 그 맛을 경험해 보자. 그 맛을 누가 알리요! 일단 해 봐야 알 수 있지 않은가. 지금과 같이 긴장하는 표준 스포츠에서 벗어나 엔도르핀이 넘치는 자신만의 스포츠를 하는 것이 어떨까?

08 축구 중계 너무한다

나는 이런저런 이유 때문에 월드컵 이후 제대로 중계를 보지 못했다. 이유는 관심이 없기 때문이 아니라 중계를 보려면 무슨 일이 생겨서 볼 기회조차 가질 수 없었기 때문이다. 그러던 차에 시간을 얻어 축구 경기 좀 보려고 하니까 지상파 방송 어디에서도 중계를 하지 않았다. 지상파 방송 모두가 축구 중계를 포기한 것인가. 찾아보았지만 어디에도 없었다.

나처럼 대다수의 사람들은 아직도 축구에 빠져 산다. 과거의 향수 때문이지 그 깊은 수렁에서 빠져나올 생각을 하지 못한다. 그 만큼 현실을 살맛나게 하는 것이 축구 이외에 없기 때문일 것이다. 아니면 아직 그것을 대치할 만큼 재미있는 것을 찾지 못했기 때문일까? 그나마 축구삼매경에 빠지고 싶은데 지상파 방송들은 중계를 하지 않고, 인터넷 방송을 통해서 한국 대 시리아 아시안컵 예선전이 중계되었다. 문제는 중계료 때문일 것이다.

이번 기회에 축구 경기 보는 것을 포기하면 안 될까? 인생의 낙이 없는데 그나마 하지 말라고 하면 무엇을 하고 살라는 말이냐고 핏대를 세우실 분들이 있을 것이다. 담배 값 인상으로 담배도 끊어야 하고 물가 상승으로 용돈도 줄여야 하는데 너무 하는 것 아니냐는 말이 나올 수 있다. 이대로 가면 유료의 축구 중계를 시청할 수밖에 없게 될 불길한 조짐이 엿보인다.

미디어 권력은 이제 축구 경기를 돈으로 지배하여 버리고 있다. 이 때문에 축구를 보여 달라고 시위가 일어날 가능성도 배제 못한다. 너무 극단적인 논리적 비유이지만 말이다. 즐거움의 향유를 돈의 논리로 지배하는 현실은 슬프다. 지상파 방송들이 중계권료 때문에 포기하게 되면 대다수의 사람들은 축구 경기를 볼 수 없게 될 것이다. 특정의 사람들만 한정되어서 축구 경기에 빠져들 것이다. 거기에는 입장료(유료)를 지불해야 한다.

돈 있는 사람만 유료로 축구 경기를 보게 될 가능성이 높다. 경기장에 가지 않아도 입장료 대신에 유료 시청료를 지불해야 하는 시대가 다가오고 있다. 돈 없으면 축구 경기도 보지 못하는 세상의 도래를 보고 있다. 이참에 축구 중계에 목매지 말고 그냥 인근 학교 운동장에서 공을 차 보는 것이 어떨까? 직접 축구를 하면서 축구의 맛을 체험해 보는 것이 진짜 축구를 좋아하는 이의 모습이 아닐까 생각해 본다. 한번이라도 해 보면 지속적으로 할 가능성이 높다.

간접적인 보는 스포츠에 자신을 묶어 버리면 스포츠가 무엇인지 진짜 알 길이 없다. 간접적인 경험이 모두라고 생각하게 될 수 있다. 뛰어 보는 것이 그래서 중요하다. 땀을 흘리면서 느껴 보고 체험해 보는 것이 보는 스포츠에 의해서 가려질 수가 있다. 보는 즐거움에 빠지는 것은 자신의 몸의 소리에서 멀어져 가는 것이다. 일종의 시각의 즐거움만을 추구하는 것이 된다. 하는 스포츠는 시각뿐만이 아니라 모든 감각을 즐겁게 한다.

스포츠를 진짜 안다는 것은 해 보는 것이다. 직접 공을 차 보고 경기에 참여해 보기도 하는 것이다. 개인 중심적인 삶이 편하고 좋을 수 있지만 지역 사회의 공동체 문화를 형성하는 데 있어서는 문제가 있다. 이웃과의 만남과 따뜻한 관계를 유지하는 것이 인간적인 삶에서 우선적인 요인이 아닐까?

조기 축구에 가입하여 경기를 해 보고 인간관계를 맺고 하는 것이 스포츠 공동체를 형성하려는 이유다. 이웃과의 단절, 아파트 단지 내의 무관심이 팽배해서 사람 냄새가 나질 않는다. 사람들이 모여 사는 공동체에서 사람 냄새가 나지 않는 것은 뭔가 문제가 있다. 자신의 편리한 삶 때문에 잊고 사는 것이 너무나 많다. 그 대표적인 것 중 하나가 생활 세계에서 인간 간의 대화와 소통의 부재다.

자신의 사회적 지위, 권위, 부를 잊고 스포츠 공동체 참여를 통하여 무관심한 삶을 관심을 가지고 살 수 있는 기회를 가질 수 있다면 지금보다는 행복해질 수 있다. 다른 사람들의 삶에 대한 무관심에서 관심으로 이웃 공동체를 형성하는 것이 지역 발전은 물론 개인의 정서적 공감대를 형성하는 데도 많은 도움이 된다.

몸은 거짓말을 하지 않는다. 스포츠는 몸으로 하는 것이기 때문에 스포츠 역시 거짓말을 하지 않는다. 진솔한 관계를 유지하기 위해서 같이 뛰고 같이 말도 하는, 이런 일련의 행위들은 우리 삶에서 필요한 것들이다. 단지 생각만을 가지고 있지 말고, 혹은 나 혼자 잘살려고 하지 말고, 이웃과의 소통이 절실히 필요하다.

미디어 스포츠에 빠지게 되면 단절과 자기중심의 삶에 젖어 들 수가 있다. 보는 것보다 일단 해 보는 것이 중요하다. 그것이 딸, 아들하고 공을 차든지 그 종목이 중요한 것이 아니라 하고 있다는 것이 더 중요하다. 하는 스포츠에 몰두하다 보면 건강이나 이웃과의 관심 등이 서서히 내게로 올 것이다.

(2006. 2. 23)

09 핸드볼 영화

영화 〈우리 생애 최고의 순간〉은 최초의 핸드볼 영화라는 타이틀이 붙는다. 개봉은 사회적 분위기와 아주 잘 맞아 떨어질 때 이뤄졌다. 여자 핸드볼은 2008년 북경 아시아게임 지역 예선에서 중동의 편파 판정 때문에 제대로 경기를 갖지 못했다. 그 결과 쿠웨이트에 밀려서 올림픽 진출 티켓을 얻지 못했다. 하지만 편파 판정에 격분한 국민들의 핸드볼에 대한 관심은 과거 그 어느 때보다 높았다. 핸드볼은 누가 뭐래도 비인기 종목이며, 올림픽 메달 종목이다. 올림픽 기간 동안만 국민들의 관심을 받는 경기다.

비인기 종목의 관중은 없다. 관중이 100명도 안 되는 경기장에서 경기를 한다. 무엇인가 부족하다는 것을 알 수 있다. 단지 가족과 아는 사람 몇몇만 구경하는 경기가 핸드볼이다. 그렇기 때문에 그들만의 경기라고 할 수 있다. 핸드볼은 국제용이다. 세계대회나 올림픽에서 항상 좋은 성적을 보여 주지만 국내에서의 인기는 없다. 주목받지 못하기 때문에 실업팀이 몇 개 되지 않는다. 그래서 선수들은 해외 진출을 시도한다. 이를 통해서 자신의 선수 생활을 지속시키고 있다. 올림픽에서 메달을 획득하는 데 일등 공신인데 사회에서는 그 대우를 해 주지 못하고 있다.

이 영화에서 보여 주는 몇 가지 장면들 이외는 핸드볼의 문제를 사실적으로 잘 보여 주지 못했다. 경제적 어려움과 아줌마 선수들의 맹활약 속에 숨겨진 현실적 생활의 어려움을 알 수 있다. 실업팀이 구제금융 이후에 해체되는 분위기에서 선수들은 자신들의 마음을 잡고 선수 생활을 할 수 있는 공간마저도 허락받지 못하고 있다. 불안한 미래 때문에 지금 열심히 하지 않을 수 없는 것이 핸드볼이다. 비인기 종목에 관심을 가져 달라고 외치는 것은 구걸하는 것과 같다. 그것보다는 핸드볼의 매력에 빠질 수 있도록 경기력을 향상시켜 경기를 하는 것이 더 필요한지 모른다. 재미있고 매혹과 열광을 줄 수 있다면 누가 말려도 사람들은 경기장에 몰려들 것이다.

프로 축구, 야구, 농구에 쏠려 있는 관중에게 핸드볼의 매력을 보여 줌으로써 관심을 유도하는 것도 필요하다. 핸드볼 규칙을 잘 알지 못하기 때문에, 또한 텔레비전에서 자주 중계방송을 해 주지 않기 때문인지 모른다. 이제는 국민이 관심을 가지고 쉽게 접근할 수 있도록 매력을 체험할 수 있는 기회를 더 늘리는 것이 핸드볼 발전의 동력이 될 것이다. 빠르고 많은 득점을 얻는 핸드볼 특유의 장점을 살려 경기를 펼치는 것이 요구된다.

한쪽에 너무 편중하는 관람 스포츠 역시 한계가 있다. 자신의 취향에 따라서 다양한 경기를 관람할 수 있는 분위기를 형성하는 것이 필요하다. 그렇지 않으면 쏠림 현상은 지속될 것이다. 다양한 경기를 보여 줌으로써 사람들의 호기심을 자극하고 핸드볼 팬이 될 수 있도록 만드는 것 역시 필요하다. 핸드볼 경기는 다른 종목이 갖지 못한 장점을 가지고 있다. 그것을 최대한 살려서 좋은 성과를 올리는 것이 급선무다. 빠른 공격과 민첩한 동작, 그리고 통쾌하게 작렬하는 골인은 핸드볼의 매력에 빠져들게 한다. 한번 매력과 열광을 경험하게 되면 지속성을 가질 수 있을 것이다. 처음으로 경기장을 찾을 수 있도록 하는 방법을 찾아야 한다.

이번 영화 흥행에 맞추어서 국내 핸드볼 큰잔치에서 500명의 관중이 찾아 주었다고 한다. 야구와 축구에 비하면 아주 초라한 관중 수다. 하지만 과거의 핸드볼과 비교한다면 많은 성과라고 할 수 있다. 관중 수에 집착하지 말고 멋진 경기를 보여 줄 수 있다면 핸드볼은 급격하게 관중 수가 늘어날 것이다. 이를 대비하여 수준 높은 경기력을 유지하기 위하여 선수들의 노력이 필요하다. 비인기 종목이라는 굴레를 벗어 내고 힘차게 노력해야 한다. 많은 국민들이 경기장을 찾아 줄 수 있는 분위기를 만들어 나가야 한다. 그것 역시, 핸드볼 선수들의 능력을 극대화하는 수밖에 없다. 누구를 탓할 수 없다. 해답은 안에서 찾아야 한다.

10 항상 이길 수는 없다

축구는 항상 이길 수는 없다. 그렇다고 매번 질 수도 없는 것이 축구의 현실이다. 2006년 9월 2일 아시안컵 예선전 이란과 대한민국의 축구 경기가 상암동 경기장에서 늦은 저녁 8시에 열렸다. 텔레비전이 없는 나는 축구 중계를 보기 위해서 텔레비전이 있는 곳에 가야겠다는 마음을 먹고 가족들과 함께 구리로 향했다. 구리에서 이란과의 축구 경기를 보면서 2승을 했다는 안도의 숨도 후반전 2분을 남기고 사라졌다. 패배한 것은 아니지만 패배한 것보다 더 허탈감만이 남게 되었다.

어떻게 이런 일이 생겨났을까? 이영표의 말대로 “이것이 축구이기 때문일까?” 이란전은 축구가 생동감을 갖고 살아 있음을 확인하는 순간이었다. 무승부의 원인을 특정 선수에게 돌리는 것은 무승부의 아픈 마음을 특정인에게 전가함으로써 자위를 하기 위한 전략적 대응일 뿐이다. 어떤 특정 선수에게 그 원인을 묻는 것은 옳지 않다. 순간의 실수는 11명의 모든 선수에게 가능한 일이다. 그것이 그날 어떤 한 선수에게 우연히 찾아왔을 뿐이다. 책임을 전가할 사람이 필요하기 때문에 경기에서 가장 저조한 경기를 한 선수를 찾게 된다.

차세대 골키퍼 김영광은 경기가 순조롭도록 자리를 잘 지켜주었다. 이운재와 비교해도 부족한 점을 찾을 수 없도록 안정적인 모습을 보여 주었다. 하지만 이번의 실수가 그에게 상처로 남지 않기를 바랄 뿐이다. 실수는 하지 않을 수 없다는 평범한 진리를 생각하게 한다. 다음에 같은 실수를 반복할 경우 그것은 실수가 아니라 무능력이 된다. 중앙 수비수 김상식에 대하여 말이 많지만 그는 90분 내내 열심히 수비를 했다. 그가 실수한 것이 아니라 이란 선수가 잘해 주었기 때문이라고 생각하면 안 될까? 기회를 놓치지 않고 골로 연결시키는 이란 공격수의 골 집중력을 높이 칭찬할 만하다.

패배한 것도 아니다. 너무 슬퍼하지 말자. 편하게 아시안컵에 참여하려는 안일함도 무승부의 근저에 자리 잡고 있다. 편안함보다 긴장된 마음을 유지하면서 매 경기마다 긴장을 늦추지 않고 경기를 임할 때 축구팬들은 경기의 박진감과 높은 수준의 경기를 관전할 수 있다. 축구는 매번 이길 수는 없는 일이다. 그것도 우리의 축구 수준을 감안한다면 패배할 가능성이 높다. 대한민국 축구는 변방의 축구라는 소리를 듣고 있는 것을 감안하면 질 수 있다는 것을 늘 염두에 두어야 한다.

이란은 우리보다 한 수 위를 차지하고 있는 아시아의 강팀이다. 그런 팀을 맞아 패배하지 않고 무승부를 했다는 것에 안위를 삼을 수밖에 없다. 무승부를 하고도 승리한 것보다 더 즐거워하는 이란 선수들을 볼 때 우리 축구가 그래도 이란보다 한 수 위가 틀림없다는 생각을 가지게 된다. 실수는 말 그대로 있을 수 있는 일이다. 같은 실수를 반복하는 것은 무능력이 되기 때문에 같은 실수는 하지 않도록 연습하고 위기사항을 대처하는 훈련이 필요하다. 너무 자신을 자책할 필요는 없다. 이게 축구라고 생각하고 일어나기를 바란다. 인생도 그렇고 축구가 그런 것을 어찌 누구를 탓할 수 있겠는가.

(2006. 9. 4)

11 나쁜 감정의 정화 장치로서 운동을 생각한다

아주 늦은 이야기지만 미국 버지니아 공대 사건을 생각해 보자. 버지니아 공대의 총기 사건은 가해자 조승희를 포함해서 33명의 생명을 잃은 사건이다. 우리에게 아직도 생생하게 기억되는 이유는 한인 3세 교포 학생이 사건의 당사자이기 때문이다. 한인이라는 이유 때문에 대통령은 미국 정부를 상대로 사과의 말을 할 수밖에 없었다. 약소국 대한민국은 이 사건으로 인하여 어떤 피해가 올 것을 두려워했기 때문이다. 이런 사실을 두고 현대판 사대주의라는 비판의 목소리도 있었다. 여하튼 이와 같은 희대의 사건이 가능한 것은 잠재된 개인의 폭력성이 반사회적으로 나타났기 때문이다. 총기 소지가 자유로운 미국의 특성 때문이라고 치부하기에는 뭔가 문제가 있다. 미국만의 문제가 아니라 국내에서도 가능한 일이다. 그 가능성을 우울증에서 찾을 수 있다.

우울증은 과잉된 스트레스에 그 원인을 찾을 수 있다. 스트레스를 적절하게 해결하지 못하고 쌓여서 나타나는 것이 우울증이다. 우울증이 무서운 것은 자신의 감정을 스스로 조절하지 못하는 데 있다. 현대 사회의 무서운 질병이 암, 에이즈가 아니라 우울증이라고 할 수 있다. 우울증은 자살이라는 개인의 죽음만이 아니라 불특정 다수의 생명을 잃게 할 수도 있다. 우울증은 스트레스를 극복하지 못했을 때 직면하는 불쾌한 정서 상태를 말한다. 특히 우울증이란 세로토닌 호르몬이 감소되는 현상이다. 뇌에서 생성되는 이 물질은 우리의 저항력에 가장 귀중한, 암세포를 죽이는 특수한 T세포들을 강하게 하는 물질이며, 우리 마음을 기쁘게 해 주는 엔도르핀을 다량 배출 혹은 소량 배출하는 데 영향력을 끼친다. 그래서 우울증에 매우 효과 있는 치료 방법이 바로 운동이라 하겠다.

우리가 건강을 생각할 때 신체적 건강만을 생각하게 되지만, 건강은 신체적, 정신적, 사회적, 영적 건강을 모두 포함한다. 그 중에서 현대인에게 필요한 것은 정신 건강이다. 정신 건강은 우리에게 아주 중요한 건강임에도 불구하고 관심이 적은 편이다. 정신 건강은 운동을 통해서 유지 및 관리가 가능하다. 운동을 하면 카타르시스를 통해 감정이 정화되어 건강한 정신을 유지할 수 있다. 나쁜 감정들은 자연적으로 정화해 주기 때문에 효과가 있다. 이 때문에 운동은 일종의 감정의 정화 장치라고 할 수 있다. 예를 들어 물은 스스로 정화하는 자정 작용 능력을 가지고 있기 때문에 어느 정도 오염이 돼도 정화될 수 있다. 하지만 오염이 심하게 되면 물은 자정 작용을 잃게 되어 아무런 쓸모도 없는 악취가 나는 물로 변해 버린다.

이처럼 우리의 나쁜 감정을 정화할 수 있는 정화 장치가 필요하다. 운동은 최고의 정화 장치다. 스트레스, 불안, 우울증은 운동을 통해 날려 버릴 수가 있기 때문이다. 축구공과 함께, 혹은 야구공과 함께 한 주의 나쁜 감정을 실어 날려 버린다면 정신 건강에 좋을 것이다. 우리는 정신 건강을 위해서 감정의 정화 장치로서의 운동을 생각해 보자. 누구나 집에 정수기를 한 대씩 가지고 있다. 깨끗한 물을 더 이상 먹기 어렵게 되었기 때문이다. 좋은 물을 먹기 위해 정수기를 설치하는 것처럼, 건강한 정신을 갖기 위하여 운동이라는 감정의 정화 장치를 하나씩 마련하는 것이 필요하다. 돈이 들지 않는 감정의 정화 장치로서 운동을 하는 것은 자신의 건강을 위하여 정수기를 설치하는 것과 같다. 좋은 물을 생각하는 것처럼 건강한 정신을 생각해야 한다. 건강을 위해 감정의 정화 장치로서 운동을 권해 보자.

(2007. 5. 7)

12 가짜와 진짜 사이

단지 스포츠를 소재로 하여 만들었다고 모두 스포츠 영화라고 할 수 없다. 단순히 소재를 빌려 왔을 뿐 스포츠의 문제에 대한 의식이 부재하다. 이 때문에 스포츠 영화의 범주에 집어넣을 수가 없다. 진지한 스포츠에 대한 문제의식을 가지고 그것의 대한 대안이나 혹은 해결 방안을 모색하거나 아니면 문제를 제기할 수 있어야 한다. 굳이 스포츠 영화와 스포츠 영화가 아닌 것을 구별 짓는 것은 비생산적인 일일 수 있다. 하지만 엄격히 스포츠 영화를 구분하기 위함이다.

〈1번가의 기적〉은 복싱을 소재로 하여 재개발 지역의 주민들의 삶에 대한 아픔을 그려낸 영화다. 클린트 이스트우드가 감독한 영화 〈밀리언 달러 베이비〉에서 많은 아이디어를 빌려온 것 같은 이야기 전개가 눈에 익숙하다. 죽음에 대한 문제, 가난 때문에 죽음을 선택할 수밖에 없는 문제를 발견할 수 있다. 가난한 동네와 부자 동네에 대한 사회의 차별적 시선, 약자에게 함부로 대하는 권력과 가진 자의 횡포를 보게 된다. 주택은 거주 개념이 아니라 투기 개념이 되어 버린 한국적 상황은 아주 심하게 나타난다.

한세상 재미있게 남에게 피해를 주지 않고, 살 수 있을 것 같은데 현실은 그렇지 않다. 가진 사람은 더 가지기 위하여 아파트를 투기로 몇 채씩 가지게 된다. 이로 인하여 주택은 부족하고 신도시 개발은 지속되는 악순환이 되풀이되고 있다. 몸을 편하게 쉴 수 있는 공간이 최소한 인간의 존엄성을 지켜줄 수 있는데 현실은 그렇지 않아 슬프다. 이 영화에서 보여 주는 것은 스포츠의 문제이기보다는 우리 삶의 실제 모습을 그려 내고 있다. 이 점에서 스포츠 영화의 범주에 집어넣을 수가 없다. 스포츠를 빌려 현실을 얘기하고 있을 뿐이다.

이 외에도 스포츠에서 아이디어를 빌려 온 많은 영화들이 있다. 이들 모두 스포츠 영화라고 할 수 없다. 양자를 구분 짓을 수 있는 것은 "스포츠에 대한 문제의식"에서 찾을 수 있다. 운동선수의 문제, 승리의 문제, 상업주의의 문제, 스포츠 에이전트의 문제, 지도자와 선수의 관계 문제 등 스포츠에 내재하는 많은 문제들이 있음에도 불구하고 이런 문제를 중심으로 영화를 만들어 내고 있지 못하다. 단순히 스포츠를 소재로 하여 다른 얘기를 그려 내고 있는 부분이 많다.

결국 내가 얘기하려고 한 것은 현재 국내에서 볼 수 있는 스포츠 영화는 대개 시뮬라크르의 재현만이 넘쳐 나고 있다는 것이다. 복사와 복사한 것을 또 복사하는 가짜가 판치고 있다. 이러한 상황에서 스포츠 영화라고 할 수 있는 그런 영화를 보고 싶다. 현대 스포츠에 대한 진지한 고민과 갈등을 담아내고 있는 스포츠 영화가 우리에게 필요한 이유가 여기에 있다. 가짜만을 보고 가짜가 진짜인지 착각하고 살고 있다는 것이 어디지 모르게 슬프다. 진짜 스포츠 영화를 만나고 싶다.

13 21세기 콜로세움

우리가 살고 있는 지금은 각종 스포츠가 넘쳐 난다. 프로스포츠, e-스포츠 등 다양한 스포츠가 넘쳐 나고 있다. 도시에 자리 잡은 거대한 경기장은 현대 도시를 상징적으로 보여주고 있다. 이 모든 것을 종합하여 보면 분명 지금은 스포츠의 황금기라고 할 수 있다. 과거에 이처럼 스포츠의 인기가 넘쳐 나는 시대는 없었다. 아니 지금에는 못 미치지만 후기 로마 시대에도 스포츠의 인기는 대단했다. 어떻게 보면 지금의 스포츠 산업의 발전은 후기 로마의 반복이라고 할 수 있다. 역사가 반복한다는 순환론적 사관에 의하면, 후기 로마의 콜로세움에서 시작된 검투사 경기의 재현이라고 할 수 있다.

우리 주변의 거대한 경기장과 찜질방 문화는 후기 로마 시대에 이미 존재하던 것이었다. 거대한 목욕 문화를 자랑했던 로마 시대는 목욕탕에서 공놀이를 할 정도로 그 규모가 거대했다. 지금 찜질방은 보면 그 속에서 먹고, 마시고, 즐기는 문화가 복합되어 행해지고 있다. 심지어 마술과 쇼가 매시간 정기적으로 찜질방에서 일어나고 있다. 사람들은 그 속에서 여가 시간을 대부분을 보내고 있다. 과거에는 할 수 없었던 일들이 지금 실현되고 있는 것이다. 주 5일 근무제가 되고 개인의 여가 시간이 증대되면서 대중여가 문화 산업이 확산되고 있다. 이제는 여가가 문제가 되었다. 과거에 그렇게도 원하던 여가가 이제는 문제가 된 것이다.

후기 로마 체육은 검투사 경기가 일 년 중에 절반 이상을 차지했다. 그 이유는 정치와의 관계에서 찾을 수 있다. 정치인들은 로마 시민을 정치에서 무관심하게 만들고 자신들의 정치를 위한 도구화를 시도했다. 스포츠가 정치적 도구로 이용되었던 사례는 많이 있지만 후기 로마 시대의 검투사 경기에서 대표적으로 볼 수 있다. 이때 황제나 정치가의 엄지손가락 하나에 의하여 검투사의 생명을 좌지우지할 정도였다. 유혈 스포츠에서 로마 시민들은 빵과 서커스를 통하여 지배당했다고 할 수 있다.

이러한 후기 로마 시대의 모습이 지금 한국의 현실에서 재현되고 있다. 2000년 이전의 모습들이 사라지지 않고 지금 재현되는 이유는 무엇 때문일까? 시대는 변해도 인간의 의식은 크게 변화하지 않기 때문인지, 아니면 인간의 본성 때문인지 알 수 없지만 확실한 것은 지금도 현재 진행형이라는 것이다. 최근에 우리 주변에서 일어난 사건을 보면 알 수 있다. 복싱 선수 최요삼 선수의 죽음은 선수를 비인간화하는 현대 스포츠의 자화상이다. 노장 선수가 복싱의 부활을 위해 자신을 희생하는 것은 후배들과 한국 복싱 발전을 위한 몸부림이라고 할 수 있다. 한국 복싱사에서 고 김득구 선수와 같은 경우라고 할 수 있다.

김득구 선수와 최요삼 선수를 죽음으로 몰고 간 것은 관중이다. 관중들이 원하는 것은 치열하고 피를 보는 복싱이다. 선수들이 죽을 수 있다는 것에 대하여 크게 책임을 갖지 않는다. 더 재미있고 자극적인 것을 원하기 때문에 복싱은 2500년 이상 지속되고 있다. 그런데 복싱도 자극적인 쾌락이 적기 때문에 사양길에 빠졌고 이종격투기가 득세하고 있다. 씨름, 태권도, 합기도, 레슬링, 복싱 등의 선수들이 돈이 되는 이종격투기로 모여들고 있다. 모두가 돈이 되는 경기에 올인하는 것이다.

후기 로마 시대의 검투사 역시 이와 비슷했다. 우리는 검투사가 노예로 구성되어 있었다고 생각하지만, 사실은 그렇지 않았다. 다양한 계층의 선수들이 모여들어 검투사 생활을 했다. 이들은 죽을 수 있다는 죽음에 대한 공포에도 불구하고 생존하기 위해 검투사 경기에 참여한 것이다. 그것은 후기 로마 시대의 사회 분위기가 검투사에 시민들이 빠져들게 만든 분위기였기 때문이다. 빵과 서커스에 열광하는 시민들이 검투사에 열광했기 때문에 검투사를 지원하는 사람들이 늘어난 것이다. 노예만이 아니라 일반 시민 중에서 생존을 위해 검투사가 된 경우가 있었다. 지금 모든 격투기 선수들이 이종격투기나 프라이드 경기에 몰리는 이유도 역시 후기 로마 시대와 같이 돈을 따라 이동하는 사례라고 할 수 있다.

검투사 경기가 일 년 중 대부분 있었기 때문에 선수들에 대한 체계적인 훈련이 필요했다. 검투사를 양성하고 훈련하는 체계적인 조직이 등장하고 이들이 검투사를 소유하게 된다. 그렇기 때문에 사유화하는 경우라고 하겠다. 지금도 별반 다르지 않다. 운동선수의 노예화 현상이 자주 밝혀지고 있다. 스포츠에서의 성폭력 사례나, 운동선수에 대한 폭력, 약물 복용 등의 문제는 단지 승리를 위해서 코치들에 의해서 행해지는 노예화 현상이라고 본다. 지도자 자신이 선수들을 자신의 마음대로 할 수 있다고 생각하고 하나의 도구나 수단으로 대하기 때문에 승리를 위해서 수단과 방법을 가리지 않고 선수들을 착취한다. 여기서는 인간을 찾아볼 수 없다. 조련사가 관중들에게 많은 박수를 받기 위해서 동물을 학대하는 경우와 같다고 할 수 있다. 우리는 동물들의 묘기에 대해 열광한다. 동물들이 그러한 묘기를 보여 주기 위해서 얼마나 훈련을 했는가를 기억한다면 열광만은 하지 못할 것이다.

스포츠는 교육적 가치를 상실하고 프로 스포츠와 같이 쇼 스포츠로서 비즈니스화되어 가고 있다. 스포츠 산업이 굴뚝 없는 공장이라고 할 정도로 황금알을 낳는 산업으로 각광을 받고 있다. 국내 프로 스포츠의 경우를 봐도, 외국에서 선수를 스카우트해 오는 것에 대하여 용병이라는 용어를 사용하고 있다. 시장 규모가 거대화되었기 때문에 신자유주의의 시장의 논리에 따라서 결정되게 내버려 두게 되었다. 경쟁에 의하여 강자는 살아남고 약자는 도태하는 약육강식의 논리를 그대로 적용하고 있는 것이다. 그 결과 운동만 평생 해 온 선수는 프로 진출에서 탈락하게 되어 운동을 중도에 포기하게 된다. 그들이 직업을 얻고 운동을 할 수 있는 곳을 찾을 수가 없게 된다. 하나의 사회 문제로 남는다.

운동선수의 상품화 현상이 대두되게 되었다. 그 결과 운동선수의 몸값이 결정되고, 외국에서 용병을 수입하는 상황으로 변하게 되었다. 운동선수는 몸값에 의하여 평가되고 평가받기 때문에 인격과는 관련 없이 오직 기능으로 선수를 평가한다. 그래서 기능이 상실되면 그 선수는 생명을 다한다. 어떻게 보면 합리화된 경쟁 체계라고 할 수 있지만 안정적인 선수 생활을 보장받지 못하게 된다. 불안한 상황에서 승리를 종용하게 되고 승리만을 생각하는 운동기계가 될 개연성은 아주 높게 나타난다.

14 25등을 말하다

〈쿨러닝〉이라는 영화는 코믹하면서 감동을 선사하는 영화다. 많은 사람들로부터 잊혀지지 않는 스포츠 영화 중 하나다. 자메이카 출신 선수들이 서울올림픽 참가에 실패하자, 동계올림픽에 참가하기 위해서 봅슬레이 팀을 만들어서 훈련을 한다. 눈을 볼 수 없는 자메이카에서 봅슬레이는 어울리지 않는 스포츠다. 하지만 선수들은 할 수 있다는 신념으로 똘똘 뭉쳐서 동계올림픽에 참가한다. 봅슬레이 자체가 비싸기 때문에 구입할 수 없어서 임대해서 사용한다. 백인들 중심에서 흑인이 봅슬레이 경기에 참가한다는 것 자체가 웃긴 일이지만 그 벽을 과감하게 넘어선다.

선수들은 포기하지 않고 끝까지 경기를 한다. 영화 마지막 장면에서 선수들은 봅슬레이가 고장이 났지만 거기서 중단하지 않는다. 끝까지 타고 골라인을 통과한 것이 아니라 들고 결승선을 통과하는 선수들에게 경기장의 모든 사람들은 박수를 보낸다. 동계올림픽은 하계올림픽과 달라서, 흑인 선수들을 볼 수 없는 대회다. 부유하고 유럽 중심의 선수들이 대부분인 동계올림픽에서 흑인 선수들이 참가한다는 것은 용납되지 않는 터부였지만, 거기에 기죽지 않고 참가하여 멋진 경기를 펼쳐 보인다.

한국의 봅슬레이 팀이 세계 대회에 참가하여 25등이라는 기록을 내었다. 과거에는 시도조차 하지 않았던 종목에 용감하게 참가하여 좋은 기록을 세웠다. 미개척 종목에 참가하여 좋은 결과를 얻을 수 있었던 것은 〈쿨러닝〉의 선수들처럼 열심히 연습했기 때문이다. 우리 선수들이 우크라이나 선수들에게 250만 원을 주고 임대한 봅슬레이를 사용했다는 점에서 더 값진 결과라고 할 수 있다. 외국 선수들은 자신들의 봅슬레이를 가지고 있는데 한국 선수들의 경우는 구입하기는 어려워서 임대하여 경기에 참가하게 된 것이다.

세계 수준의 경기력을 가지고 있는 몇 종목에 너무 편중되게 투자되기 때문에 비인기 종목이나 미개척 분야의 종목에는 참가조차 하지 않고 있는 실정이다. 하지만 세계 수준의 경기에만 참가하는 것보다는 다양한 경기에 참가하여, 세계 수준에는 미달하지만 다양한 종목에 참가하고 있다는 것에 의미를 줄 수 있다. 특히 동계올림픽에 대한 관심이 저조하기 때문에 좋은 결과를 아직까지는 얻지 못했지만 이번 기회를 바탕으로 성취욕을 경험할 수 있도록 해야 한다.

봅슬레이 역사에 한국이라는 단어를 올려놓은 쾌거라고 할 수 있다. 경기 결과는 하위에 해당하지만 한국에서도 봅슬레이를 하고 있다는 것을 세계에 알리는 계기가 되었다. 지금보다 좋은 성적을 얻기 위해 열심히 노력할 때, 다음 세대 후배들이 지금보다 더 앞선 기록을 보여 줄 것이라 기대한다. 이번 선수에서 중단된다면 봅슬레이 한국 역사를 멈추게 된다. 지속적인 경기력을 유지하기 위해서 후배 선수들이 자연스럽게 등장하여 대를 이어서 세계 대회나 동계올림픽에 참가하여 좋은 결과를 성취하기를 기대한다. 선배들이 있었기에 후배들이 더 잘 탈 수 있도록 기회를 만들어 주는 것이 필요하다.

한국에서 동계올림픽 종목을 경험한다는 것은 어려운 일이다. 아이스하키, 봅슬레이, 스키점프 등을 어린 나이에 해 볼 기회가 주어지지 않는다. 비싼 장비와 접근할 수 있는 용이성이 떨어진다는 점에서 어려움이 있다. 어린 나이부터 할 수 있는 기회가 있어야 하는데 현실적으로 경제적 여유가 있는 사람들이 경험할 수 있기 때문에 좋은 재능을 가진 선수를 발견하기가 어렵다. 어린이들이 쉽게 체험할 수 있도록 기회를 만들어 주어야 한다.

15 죄송합니다. 운동부입니다.

이 말은 대학에서 학생 선수들의 답안지에서 발견된다. 시험에 들어가 할 말이 없을 때, 백지 답안을 내기가 미안하여 써 놓고 답안지를 제출할 때 사용하는 말이다. "죄송합니다. 운동선수입니다." 이 말이 상징하는 것은, 죄송하다는 것은 수업을 듣지 못해서 진정으로 죄송하다는 것이고, '운동선수입니다.'라는 말은 자신이 운동선수이기 때문에 알아서 점수를 달라는 특권 의식에서 나온 말이다. 운동선수이기 때문에 답안을 작성하지 못해도 별 문제가 없다는 것을 합리화하는 말이다.

죄송한 생각이 들면 수업에 참가하는 것이 교수에 대한 예의다. 수업에 한 번 참여하지 않고 점수를 달라는 것은 어불성설이다. 학점은 출석과 시험을 통해서 주어지는 것이다. 달라면 주는 것이 성적이 아니다. 이 같은 일은 잘못된 구조에서 나타나게 된 것이다. 운동과 공부를 병행하는 것은 어려운 일이지만 대학에 온 이상 공부와 운동을 병행하는 것은 자연스러운 일이다. 운동하기 때문에 공부를 하지 않아도 문제가 없다는 생각은 잘못된 생각이다. 수업에 참여하면 죄송할 일이 없다. 너무 당연하게 '죄송합니다.'를 반복하는 것은 죄송한 마음이 없는 기계적인 대응이다.

선수들 역시 특권 의식을 버려야 한다. 운동선수이기 때문에 수업에 결석하는 것이 당연하다는 생각을 없애 버려야 한다. 일반 학생과 같은 학사 과정을 받는 것이 원칙이다. 대회 때문에 인정하는 것은 문제다. 운동과 공부를 병행할 수 있도록 제도적 장치를 마련하는 일이 시급하다. 제도 자체를 수정하고 그 위에서 특권 의식 없는 운동선수, 공부하는 운동선수를 형성해 가야 한다.

힘든 만큼 보람과 성취를 경험할 수 있다. 운동선수들은 힘든 과정을 이미 경험해 보았기 때문에 다른 어려움은 어려움이 아닐 것이다. 운동하면서 공부하여 학위를 받는 것은 다른 학생의 2배의 성과를 얻게 되는 것이다. 다른 나라는 다 이 같은 일을 당연하게 생각하는데 유독 우리나라만 특권 의식을 가지게 만든다. 운동만 잘하면 뭐든지 문제가 없다는 사고방식을 고쳐 주어야 한다. 겸손과 절제가 절실하게 필요한 이유도 여기에 있다.

공부와 운동을 병행하는 것을 이제는 대학에서 당연한 일로 간주할 수 있도록 해야 한다. 단지 이벤트성 기획에 그치고 나면 의미가 없다. 이 땅에서 공부도 잘하면서 운동도 잘

하는 선수가 많아진다면 얼마나 좋을까. 운동만 죽어라고 하는 것은 문제가 될 수 있다. 다양한 직업 선택을 위해서도, 한 가지 일에만 매달리는 것도 위험하다. 하지만 자신의 취향에 맞는 종목을 찾아 몰두하는 것이 필요하다. 그래서 더 이상 "죄송합니다. 운동부입니다."라는 말이 되풀이되지 않도록 노력해야 한다.

전문 운동선수는 프로나 실업팀으로 가고 대학수학능력 자격을 갖춘 학생만 대학에 와서 공부와 운동을 병행할 수 있는 선수 선발이 이뤄져야 한다. 자격 없는 학생 선수에게 대학은 간판을 딸 수 있는 것 이외는 별 도움이 안 된다. 공부하는 것이 이제 당연하게 생각되는 운동 문화를 형성할 필요가 있다. 운동선수 이후에 다양한 직업을 갖고 사회생활을 할 수 있도록 하는 장치의 마련이 요구되는 이유도 여기에 있다. 운동선수도 A+를 맞을 수 있는 대학의 면학 분위기를 만들어 나가야 한다. 그것은 학교도 교수도 아니라 학생 선수 자신이 해야 할 일이다.

16 금지된 스포츠

지금처럼 스포츠의 황금기는 역사상 없었다. 물론 후기 로마 시대의 스포츠의 발전은 지금과 비슷하다고 할 수 있지만, 지금보다는 못 했다. 후기 로마 시대 때의 유혈 스포츠나 검투사 경기에 대한 시민의 열광은 지금과 많은 유사성을 보이고 있다. 빵과 서커스에 로마 시민은 열광했다. 황제나 정치 관료들은 검투사 경기를 일 년 중 대부분 열었다. 그 이유는 로마 시민들의 정치적 무관심을 이끌어 내어 정치적으로 독재를 하기 위함이었다. 스포츠를 정치 도구로 사용한 것이 과거나 지금이나 아주 유사하다.

프로 스포츠의 발전, 스포츠 산업의 등장은 스포츠가 경제의 대상으로 활용되고 있는 사례다. 그래서 스포츠는 '황금알을 낳는 거위'라고 비유되고 있을 정도다. 과열된 스포츠의 모습을 우리 주위에서 쉽게 볼 수 있다. 스포츠 시장이 급성장하고, 외국 용병들을 영입하고, 국내 운동선수들이 해외 프로팀으로 이적되는 등, 다양한 현상들이 나타나고 있다. 과거에는 이와 같은 일들이 없었다. 한국에서도 찜질방과 프로 스포츠의 성장, 그리고 미디어 스포츠의 발전에서 스포츠가 황금기를 맞이하고 있다는 것을 알 수 있다.

스포츠가 항상 황금기를 맞이한 것은 아니다. 여러 가지 이유로 역사에서 스포츠가 금지되었다. 스포츠가 금지된 이유를 몇 가지 찾아보자. 그리고 이후에 스포츠가 위기를 맞이하고 금지당하지 않고 지속 성장을 하기 위해서 해결해야 할 것이 무엇인지 찾아보자. 항상 발전만이 있는 것이 아니라 위기와 쇠퇴가 등장하는 것이 역사다. 인간의 삶이 흥망성쇠로 이루어진 것과 같이 스포츠 역시 흥망성쇠의 굴레에서 벗어나지 못한다. 이제 역사상에서 스포츠가 금지된 이유를 몇 가지 들어보자.

첫째, 성차별적 이유다. 고대 올림픽에서는 여성들의 참가나 관람조차 허용되지 않았다. 그 이유는 노예와 외국인, 그리고 여성에게 참정권이 없었기 때문이다. 이들을 그리스 시민으로 인정하지 않았다. 즉, 사람으로 인정하지 않았다는 말이기도 하다. 당시에 노예에 대한 사람들의 인식은 사람의 말을 알아듣는 동물로 취급할 정도였다. 그렇기 때문에 사람이 아닌 이상, 고대 올림픽 경기에 참가한다는 것은 불가능했다. 여자의 경우, 관람을 몰래 하다 붙잡히면 절벽에서 떨어뜨려 죽게 하였다. 이외에도 고대 올림픽에 참가한 선수들이 알몸으로 경기를 했기 때문에 여성 관람을 불허했다고 한다. 여성에게 고대 올림픽 경기에 참여와 관람을 불허했다는 것만 보아도 성차별의 강도는 컸다고 할 수 있다.

둘째, 종교적 이유다. 후기 로마 시대의 유혈 스포츠와 잔인한 검투사 경기에 대한 비판이 대두되었다. 특히 기독교가 지배적인 세계관으로 등장하여 검투사 경기에 대하여 부정적 시선을 가지고 있었다. 기독교의 입장에서 인간의 신체에 대한 시각은 금욕의 대상이었다. 육체는 욕망덩어리이기 때문에 욕망을 일으키고, 그것은 인간의 영혼을 혼탁하게 하여 개인의 영적 구원을 가로막는다고 생각했다. 영혼의 구원을 위해서는 욕망을 자극하는 신체 행위 자체를 금지하게 되었다.

셋째, 경제적 이유다. 산업 혁명과 일요일의 등장으로 안식일이 생겼다. 경제적으로 여유 있는 집단만이 여가 시간에 스포츠를 할 수 있었다. 근대화된 스포츠는 유한계급만이 할 수 있었다. 노동자는 생존을 위해 모든 시간을 사용해야 하기 때문에 스포츠를 할 수 없었다. 유한계급들은 자신들의 스포츠를 노동자들의 스포츠와 구분하기 위하여 아마추어 정신을 제정하여 구별 짓기를 하였다. 근대 스포츠는 경제적으로 여유 있는 유한계급의 전유물이었음을 알 수 있다.

넷째, 환경적 이유다. 독일에서는 특정 지역에 암벽 등반을 금지하고 있다. 그 이유는 환경 파괴 때문이다. 암벽을 등반하기 위해서는 암벽에 구멍을 뚫어야 한다. 이때 바위에 구멍이 생겨 암벽을 파괴한다. 국내에서도 국립공원에 휴식년제를 도입하고 있다. 특히 등산객이 많아지면서 산은 몸살을 앓게 되었다. 해결 방안은 사람에게 있었다. 사람들의 출입을 통제하고 산림 자체가 자정 능력을 통하여 해결하도록 했다. 그래서 어느 정도의 산림 훼손의 문제를 해결하고 있다.

이상과 같이 스포츠의 황금기만이 있었던 것이 아니라 금지되었던 사례들도 있었다. 스포츠의 지속적 성장을 위해서는 우리가 해결해야 할 문제로 제기되고 있는 것이 환경 문제다. 환경 파괴로 인하여 인류는 위험에 직면하게 되었다. 모든 문제는 이제 환경과 밀접한 관계를 가지게 되었다. 스포츠 역시 예외가 될 수 없다. 환경 문제는 슬기롭게 해결해야 할 당면 과제이기도 하다. 비생산적인 스포츠가 환경 파괴의 주범이 되고 있다는 사회의 비판에서 자유롭지 못하기 때문이다. 현재와 미래에 스포츠가 금지되지 않기 위해서는 환경 문제를 예방하고 해결할 수 있는 지속적인 노력이 필요하다.

17 아름다운 패배와 추악한 승리

승리지상주의가 문제가 되는 것은 추악한 승리가 넘쳐 나기 때문이다. 승리하는 것도 중요하지만 어떻게 승리하느냐가 더 중요하다. 하지만 어떻게 승리해야 한다고 교육을 하지 않고 있다. 단지 승리하면 모든 것이 용납된다고 생각할 뿐이다. 승리하는 것에 비하여 아름다운 패배를 교육하는 것이 승리만 강조하는 것보다 중요하다. 잘 지는 것이 교육적 효과가 더 크다. 무조건으로 승리만을 강조하는 것은 교육적 의미에서 그 효과를 얻을 수 없다.

추악한 승리는 승리해도 승리가 아닐 수 있다는 논리다. 수단과 방법을 가리지 않고 승리한 것은 추악한 승리일 뿐이다. 경기에 참가한 모두가 인정하는 승리가 될 수 없다. 이러한 승리가 강조될 때 깨끗하고 모두가 동의하는 승리에서 점점 멀어진다. 승리가 모든 것은 아니다. 어떤 승리냐에 따라서 평가를 달리할 수 있다. 우리는 승리만을 강조하고 있을 뿐 어떠한 승리가 진정한 승리인가에 대하여 교육하지 못하고 있다.

승리보다도 더 중요한 것은 아름다운 패배라고 할 수 있다. 상대와의 경기에서 패배할 수 있다. 하지만 그 패배를 자기 발전의 기회로 삼고 상대의 승리를 인정하고 축하해 주면서 승리와 패배를 인정하는 것이 필요하다. 승복하지 않고 이의만 주장하는 것도 보기 좋은 모습은 아니다. 불공정한 승리도 문제이지만 패배를 인정하지 않으려고 하는 것 역시 문제다. 아름다운 패배에서 사람들은 감동하고 많은 것을 배우려고 한다.

2004년 아테네올림픽 여자 핸드볼 결승전에서 네덜란드와 경기를 펼친 우리나라 핸드볼 선수들의 최선을 다하고 패배를 수용하는 태도는 아름다운 패배의 전형적인 모습이었다. 멋있는 승리와 아름다운 패배의 모습을 모두 볼 수 있었던 감동적인 경기였다. 승리와 패배를 모두 참가자가 인정하는 경기는 교육적 가치를 많이 가지고 있다. 우리나라 선수들이 아름다운 패배를 보여 주었기 때문에 비인기 종목인 핸드볼 경기가 국민들로부터 사랑을 받을 수 있는 기회가 생겼다.

교육 기관에서 승리만을 교육하기보다는 아름다운 패배에 대하여 교육을 해야 한다. 추악한 승리보다는 아름다운 패배가 더 우리에게 필요하다. 게임에서 승리만을 강조하는 승부사를 육성하는 것이 아니라, 교육적 가치를 경기에서 가르쳐야 한다. 교육이 배제된 승리와 패배는 오락의 대상이 될 뿐이다. 교육적 효과를 기대하기 어렵다. 승부사의 기질만을 배양한다면 지금도 삭막한 사회에서 더 경쟁만 강요하는 모습으로 남게 된다. 중요한 것은 누구나 인정하는 감동이 있는 승리와 패배다.

승리지상주의와 선수의 도구화, 폭력과 성폭력이 넘쳐 나는 스포츠의 타락의 장에서 스포츠가 중요한 인류의 문화 자산으로 남기 위해서는 아름다운 패배와 추악한 승리에 대한 교육이 필요하다. 이겨도 기분 좋지 않은 승리에 대하여 왜 기분이 좋지 않은가에 대하여 교육하고, 패배해도 기분이 나쁘지 않은 이유는 최선을 다하고 실력에서 패배한 것이고, 패배를 통해서 무엇인가를 배울 수 있다는 생각을 공유하게 되면, 패배는 그렇게 기분 나쁜 것이 아니다. 승자와 패자 모두가 즐거울 수 있는 경기가 되어야 한다. 승리하는 것만을 강요하기보다는 깨끗한 승리와 아름다운 패배를 교육해야 한다.

18 합숙소를 폐지하라

최근 우리 사회를 놀라게 한 일이 있었다. 스포츠에서의 성폭력 사건이 사회적 이슈가 되었다. 그런데 성폭력이 발생하는 곳으로 주목한 곳이 합숙소다. 지도자와 선수들이 같이 합숙소 생활을 하는 가운데, 지도자의 권력에 의하여 합숙소에서 성폭력이 행해졌다. 지도자와 선수의 관계가 수직적이기 때문에 지도자의 명령에 복종할 수밖에 없는 구조에서 성폭력은 발생한다. 이런 비합리적 생활은 순종만을 미덕으로 생각하고, 저항과 비판이라는 불복종이 금기시되기 때문이다.

운동선수 생활을 하고 있는 선수들에게 합숙소 경험은 누구에게나 있다. 그것이 좋은 경험이든 그렇지 않은 경험이든 합숙소는 군대의 내무반과 같은 집단생활에서 오는 분위기를 경험하게 한다. 선배에게는 편하지만 후배의 입장에서는 힘든 생활을 해야 한다. 지금 발생하고 있는 스포츠의 문제들은 바로 합숙소 생활에서 비롯된다. 경기력을 높이기 위한 방법으로 합숙소 생활을 강요하고 있다.

하지만 많은 문제의 온상으로 합숙소가 지목되고 있기 때문에 합숙소를 폐지하고 훈련 시간을 단축하여 정상적인 훈련을 하게 하는 것이 우선이다. 집에서 생활하면서 운동과 공부, 그리고 개인의 자유 생활을 보장해야 한다. 현행과 같이 지도자가 지배하는 합숙소는 언어폭력, 물리적 폭력 등의 문제 발생지에 불과하다. 특히 여자 운동선수들의 합숙 생활은 성폭력에 노출되기 쉽다. 이 때문에 여자 선수들을 보호하는 차원에서 합숙소를 폐지하는 것이 필요하다.

합숙소의 기능이 긍정적 요소도 있지만 폐해가 더 크게 나타나기 때문에 폐지하는 것이 합당하다고 본다. 경기력 향상과 팀워크를 향상시킬 수 있지만, 폐해가 더 크기 때문에 폐지 쪽으로 몰고 가는 것이 정당하다. 감시와 관리하는 자가 부족하기 때문에 지도자가 모든 전권을 행사할 가능성이 높다. 지도자와 선수와의 관계가 수직적 관계이기 때문에 시키는 것만 할 수 있고 거부할 수 없는 구조에서 합숙소의 폐해는 나타나기 마련이다.

교육적으로 기능하지 못하는 합숙소의 폐지는 합당하다. 단지 원거리 학생들을 위한 대책이 마련되어야 하는데, 그 문제가 미해결로 남아 있다. 이것도 학교 차원에서 차선의 대책을 강구해야 한다. 경기력보다는 한 학생을 교육하는 스포츠의 교육적 가치를 강화하는 것이 더 필요하다. 지금과 같이 문제의 온상을 유지할 필요는 없다. 합숙소 화제 사건,

성폭력, 헤이징, 폭력의 온상인 합숙소를 폐지하여 학생들이 자유롭게 운동할 수 있는 기회를 만들어 주어야 한다.

갑자기 합숙소를 폐지하는 것은 문제가 있을 수 있다. 점차적으로 축소해 나가야 한다. 반대하는 세력이 존재하겠지만 문제가 끊임없이 제기되기 때문에 폐지를 추진해야 한다. 그래서 정상적으로 학생 선수들이 활동할 수 있도록 해야 한다. 학생들을 가족들과 격리해서 가족과 단절하는 것도 문제가 되기 때문이다. 정상적인 생활을 위하여 모두가 숙고해야 한다. 지금까지 별로 주목하지 못했지만 이제는 심각하게 합숙소 문제를 다루어 보아야 할 것이다.

19 도핑 생각

스포츠의 타락의 증후로 운동선수들의 도핑을 들고 있다. 도핑 금지 담론이 형성되어 도핑 금지에 대한 생각이 보편적인 것으로 자리 잡고 있다. 운동선수의 도핑에 대하여 우리는 비난을 한다. 어떻게 도핑을 할 수가 있냐고 강도 높은 비판을 가한다. 비판을 하고 있는 자신은 과연 도핑에서 자유로울 수 있을까? 일상을 돌아보면 도핑은 과잉으로 넘쳐 나고 있다. 아침에 일어나서 졸음을 깨우기 위해 마시는 커피는 카페인이 함유된 도핑 물질이다. 커피를 마시는 것에 대하여 아무런 문제의식을 갖지 않는다.

아주 당연하게 카페인이 함유된 커피를 하루에도 몇 잔씩 마신다. 맑은 정신과 졸음에서 벗어나기 위해서, 아니면 개인의 기호에 따라서 다양한 종류의 커피를 즐긴다. 이것에 대하여 누가 비난을 하는가? 아무도 없다. 커피는 기호 식품이기 때문에 문제 제기를 하지 않는다. 당연히 개인이 즐기는 기호 식품이다. 하지만 엄격히 따진다면 도핑 물질이다. 문학을 하는 시인이나 소설가는 작품을 집필하는 데 커피와 담배를 애호한다. 창작 활동에 도움을 주기 때문이다.

일반인이나 문학을 하는 작가들의 도핑 물질 복용에 대하여 아무런 비난을 하지 않는다. 어느 유명한 작가의 작품이 담배와 커피 속에서 탈고한 작품이라고 한다면 그것에 대하여 비난을 하지 않는다. 도핑 물질은 아무런 문제가 되지 않는다. 커피와 흡연 자체가 작가의 생명에 위협적이지 않기 때문에 문제가 되지 않는다. 운동선수의 경우는 죽을 수 있기 때문에 금지해야 한다고 논리를 펼친다면 어떻게 반론을 할 것인가?

그렇다면 운동선수의 경우도 죽지 않을 정도의 도핑 물질의 도움을 받아 경기력과 기록을 향상시킨다면 비난할 근거가 없어진다. 다른 분야와 스포츠를 비교하면 형평성이 맞지 않는다. 그럼에도 불구하고 운동선수는 약물을 복용해서는 안 되고, 약의 도움을 받아 신기록을 세워서는 안 된다고 말한다. 이것은 어떻게 보면 모순이라고 할 수 있다. 일반인과 문학인은 되고 운동선수는 안 된다고 하는 것은 모순이 틀림없다.

일상 속의 도핑이 넘쳐 나고 있다. 일상 속의 도핑 물질 검출은 누가 해 주는 것이 아니라, 자기 자신이 도핑 물질 목록을 작성하여 통제할 수밖에 없다. 도핑 없는 삶이 더 멋진 인생, 진정한 삶을 살았다고 할 수 있다. 인간의 잠재력과 문학적 상상력을 발휘하게 도움을 주는 것이 도핑 물질이다. 이것들을 배제하고는 명작을 창작한다는 것이 어려울지 모른다. 하지만 도핑 물질의 도움 없이 행한 작품과 기록이 더 가치가 있지 않을까, 생각하고 또 생각해 본다. 제정신으로 맑은 정신으로 세상을 살고, 기록을 내는 것이 필요하다.

도핑은 나쁘다는 생각을 가지고 있다면 자신의 일상 속의 행동들을 반추해 볼 필요가 있다. 자신도 무의식적으로 도핑을 하고 있다고 한다면 그것에 대하여 무슨 말을 해야 하나? 작가가 작품을 창작하는 데 상상력을 높여 주는 물질을 먹었다고 한다면 그것은 분명 도핑에 해당한다. 아무것도 먹지 않고 창작 활동을 하는 사람과 공정한 경쟁을 할 수 없다. 그렇다고 운동선수들에게 도핑을 허락하라는 것이 아니라, 운동선수를 비난하기에 앞서 자신의 행위를 반성해 보고, 약물의 도움 없이 맨 정신으로 세상을 살아가려는 의지를 강화하는 것이 그래서 필요하다.

20 도핑 금지 담론

앞에서 도핑에 대하여 알아보았지만 도핑이 문제가 되는 이유는 무엇인가? 도핑을 금지하는 7가지 이유가 있지만 그 논리는 생각보다 철저하지 못하다. 예를 들어 형평성의 문제를 들어 보자. 운동선수들이 착용하는 유니폼과 운동화에도 차이가 있다. 스포츠 공학과 역학을 통하여 만들어진 운동화와 일반 운동화는 기능 면에서 같지 않다. 엄격히 따진다면 형평성에 맞지 않는다. 약물을 복용한 경우와 복용하지 않고 경기를 한 것은 형평성에 맞지 않는다. 약물과 용기구의 경우를 비교하면 크게 문제가 되지 않는다. 운동화의 차이에도 그것이 형평성에 맞지 않기 때문에 문제가 있다고 생각하지 않는다. 그런데 약물은 아주 크게 문제를 만들고 만다.

도핑 금지는 정당화될 수 있는가? 아주 도발적인 물음이다. 도핑은 어떻게 보면 위험에서 더 안전할지 모른다. 잠수부의 경우 도핑보다 더 사망할 확률이 높다. 잠수 중에 잠수

장비에 이상이 생기면 바로 죽음과 연결되기 때문에 매우 위험하다. 잠수하다 죽는 비율과 약물 때문에 죽는 비율을 따져 보면 비슷할 것이다. 정확한 기록이 없기 때문에 알 수 없지만 지금까지의 사례를 보면 알 수 있다. 복싱의 경우, 사망자 수가 약물의 복용 때문에 사망한 경우보다 훨씬 많다. 그럼에도 불구하고 복싱은 금지 내지 폐지되지 않고 오랫동안 전통을 유지하고 있다.

선수의 건강과 죽음을 이유로 도핑을 금지하는 논리는 약한 논리라고 할 수 있다. 도핑보다 더 치명적인 경기들이 얼마나 많은가? 그 경기에 대하여 문제 제기를 하지 않고 유독 도핑에 대하여 강한 비난을 하는 것은 그 자체로 형평성에 맞지 않는다. 도핑을 했다고 해서 신기록을 세우는 것도 아니고 우승을 하는 것도 아니다. 경쟁력과 능력이 있는 경우에 복용으로 그 효과를 볼 수 있지만 연습도 하지 않고 약의 힘만으로 우승하는 것은 불가능하다. 약물은 기호 식품과 같이 혹은 첨단 과학에 의해서 만들어진 장비처럼 선택의 대상에 불과하다.

도핑에 대한 유연한 사고가 필요하다. 도핑은 절대 불가라는 논리와 금지해야 한다고 주장하는 것은 설득력을 얻지 못한다. 왜 금지해야 하는가에 대한 논리가 약하다. 약물은 운동 수행을 강화하는 데 도움을 주는 물질이라고 생각을 하는 것이 문제가 될까? 모든 선수에게 도핑을 허용한다면 문제가 더 커질까 하는 생각을 해 본다. 도핑을 운동선수의 선택의 문제로 놔둔다면 도핑 문제가 어느 정도 해결될 것이라고 생각된다. 기록 향상을 위하여 과학의 도움을 받아 훈련하는 것과 약물의 도움을 받는 것은 별 차이가 없다. 그것이 인간의 생명에 위협을 가할 수 있다는 것 말고는 말이다.

도핑은 금지해야 한다고 말하는 것은 설득력을 얻지 못한다. 금지하는 이유를 명확히 제시하고 그 토대 위에서 과연 도핑을 금지해야 할 만큼 위험한 물질인가에 대하여 숙고해 봐야 한다. 도핑보다 더 위험한 종목과 기구들이 존재하는데 그것들의 위험에 대해서는 말하지 않고 도핑에 비난을 쏟아 붓는 것은 그 자체로 형평성이 어긋나는 행위다. 선수의 도덕적 판단 능력을 향상시키고 아름다운 승리가 어떠해야 하는가에 대한 교육이 필요하다. 이러한 교육을 통하여 윤리 의식을 강화하고 스스로 공정하지 않은 행위를 하지 않도록 마련해야 한다.

감기약을 잘못 복용하여 도핑 테스트에 걸린 사례는 그 자체가 문제를 갖는다. 감기를 극복하기 위하여 약물을 복용하는 것은 하등 문제가 되지 않는다. 월경 때문에 먹는 약은 도핑 물질보다 위험성이 더 높고 해롭다고 한다. 생리통 때문에 먹는 약에 대한 문제를 다루지 않고 유독 운동선수의 도핑만을 비난하는 것은 문제가 있다. 선수들의 윤리 의식을 강화하고 도핑 물질에 의한 승리는 추악한 승리라는 인식을 할 수 있도록 교육되어야 한다. 아름다운 패배가 더 필요한 이유도 여기에 있다. 이기는 것만 최고라고 교육시키는 것은 문제가 있다. 다시 한 번 도핑에 대하여 숙고하고 성찰할 필요가 있다.

2부
사회 속 스포츠를 생각하다

21 밥의 힘

나는 시골집을 떠나 객지에서 자취를 많이 했다. 자연스럽게 밥을 직접 해 먹는 시간이 많기 때문에 밥 짓기에 있어서 일종의 달인의 경지에 올랐다고 생각한다. 아마도 나만의 생각이겠지만 말이다. 하지만 밥을 해서 먹는다는 것은 여간 귀찮은 일이 아니다. 이 때문에 밥을 사 먹는 일이 많았다. 밥을 사 먹는다는 것은 편하게 생각될지 모르지만, 오늘 무엇을 먹을까, 어느 집에서 먹을까를 결정하는 일은 쉽지 않다.

이제 말하고자 하는 것은 밥과 관련된 나의 살(체중) 이야기다. 내 체중은 운동선수(고등학교 73 kg) 시절부터 군대 생활(73 kg), 그리고 대학 생활(80 kg) 동안 73~80 kg이라는 일정한 체중을 유지했다. 그런데 대학원 생활 중에 체중은 105 kg이 되었다. 어떻게 32 kg이 급격하게 늘어났을까? 밥의 힘에 그 비밀이 숨어 있다. 물론 그 이 외에 다양한 원인이 있겠지만 주범은 역시 밥의 힘이다.

식당 아주머니가 주시는 밥 한 공기의 힘에 체중의 비밀이 숨어 있다. 나는 식당에 가면 남보다 빠르게 식사를 한다. 그때 밥집 아주머니는 나에게 밥 한 그릇을 더 권할 때가 많았다. 그 이유는 아마도 나의 체형 때문이라고 생각한다. 그렇게 되면 거절하기도 어렵고 특히 아주머니의 성의를 무시하지 못해서 밥 한 공기를 더 먹을 때가 많았다. 아주머니의 따뜻한 마음을 밥 한 공기에서 발견할 수 있기 때문이다. 그 밥 한 공기가 체중을 늘리는 데 일조하였다고 할 수 있다.

다른 하나의 이유는 음식물 쓰레기 줄이려는 마음 때문이다. 밥을 먹으면 대개 밥상 위에 음식을 남기지 않기 위해 노력한다. 그것은 음식물 쓰레기를 줄이기 위한 나 자신의 결연한 의지라고 볼 수밖에 없다. 그러나 음식물을 남기지 않는 습관이 생긴 것은 아마도 운동선수 시절 많은 칼로리가 필요하기 때문에 음식을 남기지 않던 습관과 군대 식당에서 음식물을 남기지 못하게 하는 일종의 강한 군기 때문이라고 생각된다.

물론 가장 큰 이유는 군대에서 몸의 편안함을 찾기 위해서 음식물을 남기지 않았던 것에서 연유된 것 같다. 이러한 습관이 제대 후에 자연적으로 지속되어서인지, 아니면 나의 강력한 환경 운동 실천 의지 때문인지는 알 수 없지만, 지금도 음식물을 남기지 않는다. 밥을 다 먹고 김치가 남아도 모조리 해결한다. 아마도 환경 운동의 실천 의지 때문에 그렇지 않나 생각한다. 이것은 긍정적 해석일 뿐 진짜 이유는 식욕을 억제하지 못하기 때문이다.

그래도 다이어트를 권하는 사회에서는 체중 감량의 압력에서 자유로울 수 없기 때문에 체중 감량을 하지 않을 수 없다. 그래서 체중 감량을 시도하고 있지만 쉽게 감량이 되지는 않는다. 이를 실천하기 위해서 강의를 나가는 학교 식당을 이용하고 있다. 학교 식당은 값도 싸고, 밥 한 공기를 더 권하는 아주머니가 없기 때문에 체중 감량이 가능할 것 같다. 그러나 아쉬움이 남는다. 밥집 아주머니의 따뜻한 마음이 배어나는 한 마디, "밥 한 공기 더 먹어요."라는 말이 그리움으로 남는 것은 어찌된 일인가?

이 같은 노력에도 체중 감량이 어려운 것은 나의 강력한 음식물 쓰레기를 줄이려는 마음이라고 볼 수 있다. 음식물은 남기지 않겠다는 강한 실천력은 체중 감량을 어렵게 하는 주범이다. 이 문제의 해결은 먹을 만큼 사서 남기지 않는 것이다. 이제 105 kg에서 73 kg으로 체중 감량을 시도해 보려고 한다. 불가능을 가능하게 도전하는 삶 또한 신나는 삶이 아니겠는가. 밥 한 공기의 유혹에서 벗어날 수 있다면 체중 감량이 그리 어렵지 않은 일이 될 것이다.

따뜻한 온정이 느껴지는 밥 한 공기를 거절하지 못할 것이다. 아니 더 원하고 있는지 모른다. 살찌는 것보다 따뜻한 온정이 더 그리워진다.

22 한번 회장은 영원한 회장이다

학회는 학문하는 사람들의 자발적인 모임이다. 체육학에서 학회는 20여 개 이상이 존재한다. 체육학회의 분과학회만 봐도 15개에 해당한다. 이 범위를 넘어서는 학회들이 넘쳐 나고 있다. 학회는 학문을 하는 사람들이 자신들의 학문에 관한 정보를 교류하기 위한 모임이다. 모임의 성격은 학문 이외에 친목과 학문적 발전을 지향하는 공동 목적을 가진다. 하지만 이러한 취지의 학회는 찾아보기 어렵다. 학문보다는 친목이, 친목보다는 정치가 우선한다. 이것이 한국의 학회다.

왜 회장을 서로 하려고 하는지 모르겠다. 회장은 분명 봉사하는 자리다. 회원들의 권익을 보호하고 이익을 주는 역할을 하는 위치다. 회원 위에 군림하는 것이 아니라 학회를 위해 희생하는 자리다. 그럼에도 불구하고 한 번만으로 만족하지 못하고 회장을 연속으로 하려고 한다. 사적 욕심이 아니고 무엇인가. 한 번도 회장이 바뀌지 않고 있는 학회도 체육계에 존재한다. 개인화한 학회일 뿐이다. 연말이 되면 차기 회장 선거를 치른다. 그 회장 선거를 보면서 몇 가지 생각을 하게 되었다.

사람의 욕심은 멈추지 않는다. 학문적인 모임보다는 정치적 이익 집단의 모임이 더 어울린다. 투표도 없이 치러지는 선거, 말이 추대 형식이지 짜고 치는 고스톱이다. 제자와 후배들이 보고 있다. 경계의 시선을 권력으로 누르고 있다는 생각은 왜 하지 못하는가? 배우는 것은 학문이 아니라 정치적 논리다. 단지 눈앞의 이익과 명예 때문에 권력을 연장하려는 것은 학회에 도움이 안 된다. 자기 아니면 안 된다는 생각 자체가 위험한 발상이다.

제자와 후배 학자들의 시선을 외면하고 자신의 개인적 욕심을 채우는 것은 사적 만족일 뿐이다. 연임을 하는 이유는 간단하다. 자신이 없으면 학회는 위험하고 잘 운영되지 않을 것이라는 착각 때문이다. 얼마나 착각에 빠져 있는 모습인가? 다른 사람이 하면 더 잘할 수 있다는 생각은 조금도 하지 않는다. 왜 자기는 되고 다른 사람은 안 된다고 생각하는가? 발상 자체가 잘못되었다.

회원들의 침묵은 무엇을 증명하는가? 그것은 권력의 눈치보기와 복지부동의 처세술이다. 침묵하면 되는데 괜히 비판했다가 매장당할 것이 두려워서 나서지 못하는 것이 마음 아프다. 다수의 침묵과 전원 찬성의 위험성이 크다는 것을 보지 못하기 때문이다. 이해관계를 떠나서 진솔한 자신의 생각을 표출할 수 있는 용기가 필요하다. 학문을 하는 사람들이 비굴하고 비겁하기는 비교할 것이 없다. 너무 이해관계에 의존하다 보니까 비겁한 묵인과 동조를 자행하게 된다.

침묵을 강요하는 학회에 발전은 없다. 단지 친목을 도모한 정치적 이해집단일 뿐이다. 누구를 위한 학회인가? 회장 개인을 위한 학회인가? 그동안 학회를 위한 최선의 노력을 했다면 더 이상 하려고 하지 않을 것이다. 왜냐하면 마라톤을 완주한 선수에게 다시 마라톤을 하라고 하면 뛸 수 있을까? 답은 자명하다. 온 힘을 다해서 달린 선수는 또 달릴 수가 없다. 회장도 마찬가지로, 자신이 열심히 했다면 다시 하지 못할 것이다. 해야 할 일이 많다면 어쩔 수 없지만 단지 자신의 명예를 위한 회장이라면 사양해야 한다.

학문과 학회의 민주화를 위해서도 사라져야 할 모습이다. 회장은 자기 위주로 진행되는 학회 운영과 세미나, 이 모든 것을 좌지우지하는 권력을 가지기 때문이다. 한 학교에서 너무 오래 학회를 집행하는 것은 학회 발전에 걸림돌이 된다. 이런 학회는 아직도 체육학 내에 존재한다. 그렇게 되면 학회가 해체되고 만다. 학회의 발전을 위해서 부득이한 이유 없이 연임은 불필요하다.

23 한번 해 보자! 밥상 공동체 문화

우리 시대에는 가족 간의 대화가 사라지고 있다. 대화의 단절은 시간이 없기 때문이 아니라 마음이 없기 때문이다. 바쁘기 때문이라고 한다. 하지만 무슨 일로 바쁜지도 모르고, 바쁘면서 서로에게 관심을 가지지 않는다. 자신의 얘기는 많이 하고 남의 얘기는 잘 들어 주지 않는다. 이 때문에 대화의 단절을 가져온다. 가족의 경우도 예외가 아니다.

그것은 가족이 함께 할 공간이 방이라는 각자의 생활공간으로 닫혀 버리기 때문이다. 자기 방에서 각자의 세계에 빠져들기 때문에 만남이 이루어지지 않는다. 거실이라는 공간은 만남의 공간이지만 좀처럼 함께하기가 쉽지 않다. 함께할 수 있는 시공간은 가족이 모두 밥을 먹는 시간일 것이다. 그런데 밥 먹는 시간도 개인의 일에 따라서 차이가 나기 때문에 함께 밥을 먹는다는 것도 쉽지 않다.

아버지는 일찍 출근하기 때문에 일찍 아침 식사를 하고 아이들 역시 학교 등교를 해야 하기 때문에 밥상을 따로 차려야 한다. 인위적인 시간을 정하지 않으면 함께 식사하기가 어렵다. 가족은 '식구'라고 한다. 함께 먹는 사람들의 모임이다. 먹는다는 것은 자신을 개방하고 함께 먹는 것을 즐기는 것이다.

같이 밥을 먹지 않기 때문에 가족애가 사라지는 것 같다. 같은 밥상에서 온정을 확인하고 서로 간의 대화와 소통을 통해서 가족 구성원의 힘을 확인할 수 있어야 한다. 그게 어렵다면 일주일에 한 번은 온 가족이 함께 모여 식사하는 시간을 마련하는 것도 함께 밥을 먹지 못하는 우리 세대에 필요한 일이다. 밥을 함께 먹는 밥상 공동체 문화를 실현하는 것이 지금 여기(이 땅에서)에서 필요한 것이다.

가족의 따뜻한 사랑이 넘치면 사회 또한 사랑이 넘치는 것은 당연한 이치다. 사람이 사람답게 산다는 것은 따뜻한 마음을 나누며 사는 삶이다. 서로를 인정하고 따뜻한 말 한마디 전해 줄 수 있는 그런 공동체 문화의 시작은 가족이 함께 식사를 하는 시간에서 시작된다. 그런 시간을 갖는 것이 밥상 공동체를 통하여 실현할 수 있는 공동체 문화의 가능성이다. 가족 공동체의 실현을 통해 가족애가 실현되고 이것이 확대되면, 이웃 공동체, 지역 공동체의 실현은 불가능하지 않을 것이다.

24 세미나에 대하여

일 년에 크고 작은 세미나가 무수하게 열린다. 이 많은 세미나는 도대체 왜 필요한가? 학회 세미나를 왜 할까? 이 문제를 곰곰이 생각하면 학문의 발전과 담론의 장을 만들기 위함이라는 결론에 도달하게 된다. 학회는 해당 분야의 전문가들이 연구 성과를 발표하거나 특정 주제에 대하여 담론의 장을 통해 생산적인 결과를 얻기 위한 목적을 갖는다. 이를 모르는 사람은 아마도 없을 것이다. 알고도 잘 하지 않는 것은 죄라고 말하지 않았던가. 모르면 차라리 문제 될 것이 없다. 알고도 행하지 않는 것은 오만의 극치라고 할 수밖에 없다.

이 때문에 세미나의 특정 주제에 대한 심도 있는 기획 의도와 성격이 명확해야 한다. 그냥 행사로 일련의 과정으로 치부하는 것은 세미나의 명분이 없다. 세미나 주제와 발표자의 주제가 맞지 않는 것은 어찌된 사항인가? 발표자가 없기 때문에 구색을 맞춘 것에 지나지 않아 보인다. 자신의 발표문 내용이 학회의 주제와 맞는지 확인하는 것이 아주 초보적인 수준에서 해 줘야 하는 일이다. 발표자 자신이 직접 규제하지 않으면 학회를 운영하기가 어렵다. 대외적인 형식 차원에서 되풀이되는 세미나는 학문적 발전을 찾기 어렵다. 단지 학회의 생존을 위한 몸부림 정도에 불과하다.

관심을 가지고 있는 대학원생이나 현장의 선생님들이 세미나에 참가한다. 하지만 늘 충족시키지 못한다. 적어도 세미나에 참가하는 사람들이 실망을 안고 돌아가게 해서는 안 된다. 무엇인가 생각할 거리나 배움의 성취 내지는 자신의 생각을 정리할 수 있는 기회를 주어야 한다. 현재는 어떤가 생각해 봐야 할 부분이다. 기대치에 못 미치는 세미나는 연례행사에 불과하다. 해야 하기 때문에 형식만을 갖춘 세미나는 더 이상 필요하지 않다. 생산적인 세미나, 지적 호기심을 유발하는 세미나가 필요하다. 그러기 위해서는 사전에 치밀한 계획이 있어야 한다.

세미나 참가 청중의 수준을 낮게 보지 말아야 한다. 그 중에는 발표자보다 앞선 지식과 안목을 가진 사람들이 많다. 단지 침묵하고 있을 뿐이다. 발표자의 내용에 대한 비판적 질문과 답변, 그리고 논쟁이 요구된다. 그래야 생산적인 결과를 얻을 수 있다. 다수의 침묵은 무시하고 있다는 것이거나, 아니면 완벽하기 때문에 질문거리가 없다는 것을 의미한다. 하지만 대부분의 경우는 전자의 경우에 해당한다. 기대에 못 미치는 발표문에 대한 질문은 당연히 없을 뿐이다.

세미나에서 발표하는 발표자의 대부분은 대학원생이다. 이러한 현상은 체육학 분야에서 공부하고 있는 사람이 대학원생뿐이라는 것을 간접적으로 시사한다. 그러다 보니 발표 내용은 깊이가 없고 발표자에 대하여 논문 심사를 하듯 대하는 사람들이 나타난다. 준비가 미급한 논문을 발표하는 것은 세미나에 참가한 많은 사람들에게서 소중한 시간을 빼앗는 것이다. 철저한 준비를 통해서 적어도 발표자가 고민하고 노력한 흔적을 보여 주어야 하지 않을까 생각한다.

형식이 내용을 죽인다. 발표자의 태도, 발표의 방식 등, 형식을 강조하고 이것을 지적하는 사람들이 나타난다. 예의가 엉망이라는 말과 자세가 문제라는 말들이 쏟아진다. 형식보다 내용이 더 중요한데 형식 때문에 내용이 모두 사라진다. 앞뒤가 전도되어 있는 모습이다. 세련된 발표만을 우선적으로 생각한다. 동영상을 활용한 발표, 세련된 파워포인트 등, 최고의 형식만을 강조하기 때문에 진짜 중요한 내용은 사라지고 만다. 형식보다는 알맹이 있는 내용이 발표되고 논의가 되어야 한다.

기조 강연자에게는 질문하지 않는 게 불문율인가? 배울 것은 기조 강연자에게 많은데 질문하지 못하게 하니 기조 강연자를 모셔 놓고 그냥 듣기나 하라는 식이다. 저명한 발표자는 발표가 아니라 학생을 가르치는 것과 같이 강의를 하는 모습이다. 발표자 역시 우리와 같은 연구자에 불과한데 그가 발표하는 모든 것이 진리일 수 없다. 그러나 그저 진리인 것처럼 듣고 있어야 한다. 질문에 대한 충동을 억누르고 재미없는 발표를 듣기만 해야 한다. 그게 미덕이라고 배워 왔고 그렇게 무언의 압력을 행사하고 있기 때문이다.

토론도 시간 부족이라고 몇 명 질문하고 답변하면 끝나고 만다. 행사 일정에 따라서 질의 시간은 고작 몇 명으로 제한한다. 시간을 잘 준수하는 것이 미덕이라고 생각하고 있기 때문이다. 그것도 특정인이 독점하기 때문에 다른 사람이 질문할 시간마저 잡아먹는다. 질문은 식사하면서 하라고 하는 멘트가 학회의 끝을 알린다. 식사 시간에 질문보다는 먹기 바쁘고 술을 한잔 하다 보면 좋은 게 좋다고 질문도 이내 사라진다. 그렇게 학회는 끝난다.

생산적인 토론과 결과도 없는, 형식처럼 행해지는 세미나는 과연 누구를 위한 학회 세미나인가? 학회만을 위한 것인가, 아니면 따듯한 만남의 모임인가? 만나서 얘기하다가 헤어지는 것이 정상인가? 토론다운 토론, 세미나다운 세미나, 그런 것을 맛본지도 아주 오래되었다. 진지한 사유의 대화가 가능한 세미나가 우리에게 필요하다. 만나고 친목을 도모하는 세미나는 이제 사라져야 한다. 이런 세미나는 일 년에 네 번 이상을 한다. 매번 하는 얘기는 비슷하다. 변하는 것은 세월에 따른 나이뿐이다.

25 산다는 것은

산다는 것은 어떻게 보면 죽어가는 것과 같다. 산다는 것은 지속적인 영원한 삶을 사는 것이 아니라 제한적이기 때문에 죽음에 한발 다가서고 있다는 것이 더 적확한 표현일지 모른다. 하지만 사람들은 죽음을 금기시하기 때문에 자신이 언젠가는 죽어야 한다는 것을 망각하면서 살고 있다. 죽으면 허망한 세상인데 뭐라고 그리 고생을 하며 사는지 모르겠다. 그 이유를 찾자면 죽음을 늘 생각하지 않고 살기 때문이다. 늘 죽을 수 있다는 것을 생각하며 산다면 삶에 대하여 조금 더 숙연하게 될 것이다.

내일 하루를 더 살기 위해 몸부림치는 사람에게 하루는 너무나 소중하다. 그냥 흘러 버리는 하루가 죽을 날을 기다리는 사람에게는 절실하게 원하던 시간이다. 그렇기 때문에 오늘 하루가 얼마나 소중한 시간인지 절실하게 느껴야 한다. 소중한 시간을 낭비하기 보다는 뜻있는 일을 찾아 시간을 보내는 일이 필요하다. 사람들은 대개 시간을 죽이는 일을 한다. 술을 먹으면서 보내는 시간, 잡담과 자극적인 쾌락을 위해서 시간을 보내는 일이 많다. 죽음에 대한 공포에서 벗어나기 위해서 망각하는 시간으로 하루를 보낸다.

산다는 것은 무엇일까? 내 나이에는 아직 이른 생각, 아니면 나이에 맞지 않는 생각일까? 산다는 것은 생존에 대한 맹목적 의지 때문만은 아니다. 아마도 초생존적 욕구가 있기 때문에 살아가고 있지 않은가 생각해 본다. 이 말은 인간은 빵만으로 살 수 없다는 말로 이해할 수 있다. 먹고사는 일을 위하여 하루를 모두 보내는 것은 너무나 허무하고 아쉽다. 창조적인 일을 할 수 있다는 것은 얼마나 행복한 일인가? 그냥 먹고살기 위한 하루가 아니라 뭔가 창조적이며 생산적인 일을 하는 것이 더 좋다. 그게 하루를 살아가는 힘이다.

그렇다면 공부한다는 것은 무엇일까? 공부도 역시 생존의 욕구(부, 명예, 지위)에 대한 맹목적 의지 때문일까? 여기에 공부의 목표를 둔다면 그 공부의 끝은 보인다. 하지만 공부를 한다는 것은 초생존적 의지, 공부에 대한 순수한 열정을 가지고 진리를 향한 치열한 몸부림이라고 할 수 있다. 공부를 위한 공부가 아니라 좀더 생산적인 사회 변화를 가져올 수 있는 공부여야 한다. 그러한 공부는 공부하는 것에 대한 자긍심이 생겨날 수 있다. 교수가 되기 위한 공부, 판사가 되기 위한 공부, 즉 무엇을 위한 공부는 항상 수단이 되고 만다. 그 끝은 언제나 보인다. 하지만 진리에 대한 끊임없는 공부는 끝이 보이지 않기 때문에 지속할 수 있는 것이다.

물론 시지프스의 신화처럼 인간의 한계, 공부의 한계는 있겠지만 생존을 위한 삶 또는 공부보다는 초생존적 욕구가 있어야 할 것 같다. 화가의 불멸의 명작을 위한 창작욕, 도예공의 최상의 도자기를 만들기 위한 열정, 운동선수의 최고의 기술을 위한 끊임없는 연습처럼 초생존적 욕구가 필요하다. 그것이 인간 정신의 위대함을 엿보게 한다. 단지 생존 차원에서 모든 일이 이루어진다면 다른 동물의 삶과 별 차이를 찾지 못한다. 인간이기 때문에 일차적인 생존을 넘어서는 초생존적인 가치를 창출하는 것이 인간을 인간답게 만드는 것이다.

생존에 완전함을 얻고 그것에 충족하고 나면 할 일이 없다. 먹는 일만 하다 보면 무엇인가 창조적 행위를 하지 못하고 배고픔만을 해결하고 죽음을 기다리는 형국이 되고 만다. 죽음을 기다리는 사형수가 되지 않기 위해서는 창조적인 무슨 일을 하는 것이 훨씬 좋다. 배불리 먹지 못해도 새로운 일을 한다는 것은 그것만으로도 배를 부르게 한다. 생존적 일에 만족하기보다는 초생존적 일을 찾아 도전을 하는 것이 살아 있다는 것을 의미한다. 생물학적 조건만을 위해 살기보다는 초생존적 차원의 일을 찾아 하는 것이 인간으로서 존재 의미를 찾는 일일 것이다.

26 하이데거의 존재 철학과 스포츠의 마음의 고향

고향은 독일어로 하이마트(Heimat)이다. 그런데 우리나라의 농촌이고 도시 그 어디에서도 쉽게 접할 수 있는 것이 하이마트(Hi mart)이다. 사람들은 생활용품을 구입하기 위하여 주차장이 잘 구비되어 있는 하이마트에 자주 간다. 그곳은 현대 물질문화의 최고를 보여 주는 상품이 즐비하게 진열되어 있다. 하이마트에 가서 소비 욕구를 충족시켜도 충족되는 않는 또 다른 하이마트가 있다. 어떻게 보면 역설적이지만 소비하면 할수록 부족함을 느끼게 된다. 그것은 내면의 하이마트인 고향에 대한 그리움이다.

하이데거는 다음과 같이 고향에 대해 말했다. "세계 내 존재 가운데 있는 인간 현존은 그 본래성이 비본래성에 의해 은폐되어 본래성을 잃어버렸고 따라서 실향한 상태다. 그리고 고향인 본래성의 회복이야말로 철학자의 과제이고, 또 인간의 근본적인 지향 목표다."(전광석, 1999).

하이데거가 말하는 고향은 존재를 지칭하기 때문에 고향 상실은 존재 망각을 의미하는 것이다. 세계 내의 모든 동물 중에서 인간만이 존재 이해가 가능하기 때문에 존재를 알 수 있다. 하지만 기술 문명 속에서 인간은 존재 망각으로 치닫고 있다. 기술 문명의 발전으로 고향은 도시화되어 가고, 과거 고향의 모습은 점점 사라지고 있다.

우리가 꿈꾸는 고향의 모습은 이제 지상 어디에도 존재하지 않는다. 마음속 고향으로 옮겨 자리 잡고 있을 뿐이다. 타향살이에 지친 인간들이 편하게 육신을 쉬고자 하는 마음을 갖는다. 이 때문에 고향을 그리워하면서 언젠가는 타향살이를 접고 고향으로 가려고 한다. 고향은 우리가 귀향하고자 하는 지점이다. 고향은 존재의 안식처이며 자유를 안겨 줄 수 있는 곳이다. 고향에 대하여 시인 천상병은 다음과 같이 말한다.

> 사실은 사람마다 고향타령인데
> 나도 그렇고 다 그런데,
> 태어나기 전의 고향타령이 아닌가?
> 나이 들수록 고향타령이다.

사람들은 나이가 많아지면서 더욱더 고향에 대한 강한 그리움을 가지고 산다. 물고기 연어도 고향으로 회귀하며 고향에서 번식하고 생을 마감하는 것처럼, 인간만이 아니라 모든 지상의 피조물 역시 자신의 고향을 향해 달려간다. 그 근원적인 고향에 대하여 시인 천상병(1999)은 "무(無)로 돌아가자는 타령 아닌가?"라고 〈고향〉이라는 시에서 인간의 고향을 無라고 말했다.

스포츠의 고향은 무엇인가? 스포츠 기술이 발달하면, 더불어 운동 경기의 경기력이 발달하지만, 결국에는 운동 경기의 근원적인 유희성, 놀이성, 자연성, 윤리성 등이 상실되었다. 기술의 발달 속에서 운동선수들은 도구화·수단화되어 가기 때문에 운동기계가 될 가능성이 여전히 높다. 도구화된 운동선수는 자기 존재의 의미를 온전히 상실할 수 있다. 이 말은 곧 스포츠의 고향 상실을 의미한다.

하이데거 철학에서 고향은 진리다. 우리 모두 타향살이에서 고향으로 돌아가고 싶은 욕구를 내면에 가지고 산다. 스포츠의 고향은 우리가 지금까지 잊고 있는 것들이다. 고향을 형성하는 것은 놀이성, 자연성, 윤리성 등이다. 이런 것들이 고향으로 우리를 향하게 한다. 그러나 현대 스포츠는 기록, 경쟁 위주의 경기 중심의 일변에서 이러한 고향을 의미하는 것들이 사라지고 있다.

스포츠가 고향을 상실하게 된 주원인은 놀이의 타락, 맹목적인 기록 추구, 신자유주의 논리에 의하여 나타나는 과도한 경쟁과 상업성에서 찾을 수 있었다. 이를 극복할 수 있는 대안을 스포츠의 고향 회복에서 찾아보았다. 스포츠의 고향 회복은 다음과 같다.

첫째, 놀이성이다. 신자유주의 영향 때문에 경쟁 정신이 지배하는 스포츠가 점차로 증가하고 있다. 전문성과 합리성, 제도화 등의 근대 스포츠 역시 경쟁 정신의 지배에서 자유롭지 못하다. 경쟁 정신 때문에 놀이 정신이 사라지고 있다. 스포츠의 고향 회귀는 놀이 정신을 회복하는 데 있다.

둘째, 자연성이다. 과학 문명과 기술 발전으로 인위적인 용기구들이 많이 개발되었다. 장비의 발전은 안전성과 편안함을 주었지만 자연성을 상실하게 되었다. 자연성을 회복하는 것은 기구에 의존하기보다는 육체를 바탕으로 한 스포츠에 참여하는 일이다.

셋째, 윤리성이다. 미디어에 의해서 스포츠의 규칙은 변경되고 있다. 규칙은 스포츠 자체의 성격을 규정짓는 것이다. 하지만 미디어에 의해서 스포츠 규칙 자체가 변경되기 때문에 고향을 상실하게 된다. 미디어에 의한 촉진 룰이나 중계방송을 위한 경기 시간 변경 등이 그 예다. 스포츠의 고향 회복은 윤리를 바탕으로 한 경기라고 할 수 있다. 윤리 정신은 고향에 다가갈 수 있는 지름길이다.

이제는 스포츠의 고향 회귀를 준비해야 할 때다. 스포츠의 고향은 놀이, 자연, 윤리 등의 성격을 가지고 있다. 놀이의 본질은 자율성, 허구성, 창조성, 한정성이라고 한다. 지금 스포츠는 놀이, 자연, 윤리의 요소들이 상실해 가고 있기 때문에 더욱더 스포츠의 고향 회귀를 위한 노력이 필요하다.

27 변해야 할 것과 변하지 말아야 할 것

아주 늦은 반응이지만, 모 신문에서 보도된 체육 계열 학과 학생들의 집합 문화를 다시 생각해 본다. 매년 되풀이되는, 같은 신문에 같은 보도는 이제 사라져야 한다. 하지만 사라지지 않고 매년 입학식과 더불어 시작되고 있다. 지금까지 해 왔고 별 이상하게 생각하지 못했던 것이 집합 문화다. 이제는 다른 학과에까지 전이되어서 같은 흉내를 내고 있을 정도다. 생각이 자유롭고 자신의 차이를 강조하는 세대에게 과거에 했던 좋지 않은 일들이 전통이라는 이유로 되풀이되고 있다. 이 모습은 생각과 행동이 일치하지 않는 일이다.

군대 문화가 대학 문화에서 범람하는 이유는 어디에서 찾을 수 있을까? 그것은 아마도 대학을 휴학하고 군대에 다녀온 예비역들이 대학생들에게 선사하는 악습이라고 할 수 있다. 자신들도 군대에서 당한 그대로 위치가 바뀌어 후배들에게 하고 있는 것이다. 군대에서 익혀 온 나쁜 행동들을 대학에서 재현하고 있기 때문에 군대 문화가 대학 문화에서 작용하고 있는 것이다. 군대 문화에 부정적 반응을 보이는 대학생들도 예비역이라는 선배들의 행위에 대하여 감히 문제를 제기하지 못하고 있다. 이 때문에 군사 문화가 대학 문화에 자연스럽게 유입된 것이다. 자신들도 신입생 때 집합 문화에 대하여 거부 반응을 보였지만 제대 이후에 그것들을 재현하고 있지 않은가.

대학 내의 군사 문화의 모습은 군대의 얼차려와 아주 비슷하다. 신입생을 대상으로 강한 군사 문화에서 파생된 훈련을 시킴으로써 선배로서 대우를 잘 받고 자신의 위엄을 지키겠다는 단순한 생각에서 비롯되는 것 같다. 대학은 자유로워야 하며, 서로 간의 인격은 존중되어야 한다. 선후배 간의 관계가 지위를 상징하는 표시가 되어서는 안 된다. 그럼에도 불구하고 후배에 대한 애정과 관심의 표시라고 집합 문화를 지속하는 일은 이제 금해야 한다. 과잉된 관심의 표명으로 나타나는 군사 문화는 어떤 이유에서도 대학에서 자리 잡아서는 안 된다. 민주 시민을 지향하는 대학 문화에서 군사 문화는 퇴출해야 한다.

한국의 남자들 중에서 대부분이 군대에 갔다 오기 때문에 군대 문화에서 벗어나기가 쉽지 않다. 사회 역시 군대의 연장선에서 모든 것을 판단한다. 나이, 학번, 학교 등 순서 지우기를 먼저 한다. 그래야 상하 간에 질서가 잡힌다고 생각한다. 선배이기 때문에 함부로 해도 된다는 생각이 지배적이다. 나이가 많기 때문에 함부로 해도 된다는 생각 때문에 잘못된 문화가 생겨난다. 수평적인 관계보다 수직적인 관계 맺음이 일상사에서 더 나타나고 있다. 존중과 배려라는 말은 교과서에만 사용하는 것이 아니라 교과서 밖 일상 속에서 더 필요한 용어다.

변해도 가장 먼저 변해야 하는 곳이 대학이다. 그런데 대학마저 군사 문화에서 벗어나지 못하고 있다. 그 이유를 찾자면, 군대에 갔다 온 예비역에서 찾아야 할 것이다. 군대 가기 전에는 권위적인 모습을 보이지 않다가, 군대만 갔다 오면 서열 문화에 젖어서 후배들에게 대접을 받으려고 한다. 후배들에게 선배라는 의식을 강요하기 위해 온갖 폭력 문화를 작동시킨다. 자신들이 후배였을 때 그렇게 혐오하던 일을 선배가 돼서 되풀이하는 모순을 범하고 있다. 이러한 의식 때문에 대학은 변하지 않고 군대 문화를 재현하고 있다.

강압적 복종보다는 자율적인 선후배 관계를 유도하는 것이 대학에서 학생들에게 필요한 태도다. 강압은 일시적인 복종을 얻을 수 있지만 지속적인 존경은 얻지 못한다. 이 외에도 군사 문화를 통해서 학과를 하나로 통일하는 공동체를 구현하는 것보다는 자율적인 만남과 관계를 통해서 하나 되게 하는 일이 우선된다. 이제부터 선배들의 무리한 요구나 상식에서 벗어나는 행위에 대하여 강하게 저항하는 것이 요구된다. 이것이 악습에 의한 전통을 말살하는 시작이다. 대학 문화에서 군사 문화가 사라지게 노력하자. 그래서 매년 되풀이되는 신문 보도가 올해에는 없어지게 하자.

28 친일 체육인에 대한 실존적 시선

이전의 저자는 《생각하는 스포츠》라는 책에서 친일 체육인을 규정한 일이 있다. 다른 분야에서 친일 인물 목록을 발표하고 청산을 시도하고 있는데, 체육계는 유독 언급이 없다는 것에 문제를 제기했었다. 일본 제국주의 식민지 시대 때, 일본의 영광을 위하여 올림픽이나 세계 대회에 참가하고 조선체육협회에 참여한 것을 친일 체육인 선정의 기준으로 제시했다. 하지만 과연 표면적인 입장에서 손기정과 남승룡을 친일 체육인으로 매도할 수 있는가? 그들의 내면세계를 들여다보지 못하고 그들의 입장을 알지 못하기 때문에 쉽게 평가하기란 어렵다는 고민에 빠지게 되었다.

하지만 텍스트 해석의 입장에서 손기정의 마라톤 우승은 두 가지 시선으로 볼 수 있다. 실존적 시각과 관찰자적 시각으로 볼 수 있다. 우선 관찰자적 시각에서 보면, 손기정은 친일 인물에서 벗어나기 어렵다. 일본의 열광을 위해 베를린올림픽에 참가하여 마라톤 우승을 했기 때문이다. 자신의 의지와는 상관없이 우승을 통해 일본을 빛나게 한 결과를 가져왔기 때문이다. 하지만 실존적 시각에서 보면, 손기정은 신체의 탁월성을 실현하고 싶은 생각(고민)이 지배적이었고, 국가보다 개인의 탁월성을 실현하기 위한 고민이 강하게 작용했다고 볼 수 있다.

우리는 어떤 사실에 대하여 한 가지 시각으로 해석하기 때문에 오독할 가능성이 있다. 예를 들어 안중근, 윤봉길, 이봉창에 대하여 제3국의 입장에서 보면 테러리스트임에 틀림없다. 하지만 당시 조선인의 입장에서 보면 그들은 분명 식민지 국가의 민족의 울분을 표출하고 독립 의지를 표현한 의사라고 볼 수 있다. 이처럼 같은 사실을 놓고 입장에 따라서 다양한 해석을 내놓을 수 있다. 관찰자적 시각만으로 평가하기보다는 실존적 시각에서 볼 필요가 있음을 말하는 것이다.

모든 것이 텍스트가 될 수 있다는 입장이 해석학이다. 이런 맥락에서 보면 삶 자체는 텍스트에 해당하다. 그리고 보이는 것보다는 보이지 않는 것이 더 중요하다. 손기정의 표면적으로 보이는 것만을 가지고 판단하는 것은 너무 단순한 판단일 수 있다. 그의 삶에서 마라톤 우승과 그 이후의 삶의 궤적을 추적해 보면 알 수 있다. 그의 내면세계와 실존적 시각에서 바라볼 필요가 있다. 권력을 가진 자들에 의해서 단순하게 해석되면 오독의 가능성이 있기 때문에 삶 전체를 조명한 가운데 종합적 판단이 나와야 한다.

마라톤에서 우승한 사실 자체는 인정과 존경을 받을 수 있다. 신체적 탁월성을 실현하였다는 점에서 높이 평가할 수 있다. 단지 한 인물을 친일 체육인으로 규정하고 그를 징벌하기 위함이 아니라 역사적 평가를 통해 되풀이되는 과오를 밝혀 후손에게 역사적 과오를 범하지 않기 위한 것이다. 과거를 청산하지 못하고 그냥 묻어 버리면 역사의 눈을 두려워하지 않고 개인의 영달을 위해서 민족을 배반하고 학대할 수 있다. 항상 역사를 의식하고 생활해야 한다. 개인의 영광보다는 국가와 민족을 위한 역사의식이 필요하다.

왜 역사를 평가하고 청산하는가? 역사 청산이 없다면 역사적 과오는 반복될 뿐이다. 역사에 대한 평가는 관찰자적 시각에서만 판단하게 되면 잘못 해석하여 그 피해를 당하는 사람들이 있을 것이다. 다양한 시각에서 역사적 사실을 보고 해석하여 종합적으로 판단하는 것이 필요하다. 우리는 한 가지 시각에서만 역사적 사실을 해석했다면 지금의 입장에서 시야를 넓혀 정확한 해석과 이해를 하기 위한 노력을 해야 한다. 역사는 박제화되어 있는 것이 아니라 과거와 오늘과 계속 대화하고 영향을 미치는 것이다. 과거에 머무르는 것이 아니라 현재의 입장에서 재해석이 요구되는 일이다.

29 영화, 학생 선수를 말하다

영화가 단순한 오락거리에 불과하지 않다는 점에 대하여 많은 사람들은 공감한다. 영화는 단지 감독의 상상력을 실현하는 자위 행위라고 평가하는 부류가 있는 반면에, 사회 문제에 대한 고민을 다룬다고 말하는 부류가 있다. 문제를 제기하고 대안을 보여 주는 영화들도 있다. 미국에서 만들어진 영화 중에서 학생 선수에 대한 실화를 바탕으로 제작된 영화들이 많다. 〈블루칩〉, 〈프로그램〉, 〈코치 카터〉, 〈후지어〉, 〈글로리 로드〉 등이 그것이다. 이들 영화의 공통점은 미국 대학 스포츠에서 학생 선수의 문제를 다루고 있다는 점이다. 한 가지씩 살펴보자.

〈블루칩〉은 돈을 통해서 우수한 선수를 영입하여 우승하는 현실을 말하고 있다. 우수한 고교 선수를 얼마나 영입하느냐에 따라서 경기 결과가 좌우되기 때문에, 우수한 선수를 영입하는 데 신경을 곤두세운다. 이미 세미프로가 되어 버린 대학팀들은 우수 선수 영입을 위해 경제적 지원을 받는다. 하지만 NCAA 규정에 의해서, 금전을 통해서 선수를 영입하는 것은 규정에 어긋나는 행위다. 하지만 이 규정을 지키는 대학이 없다. “죽일 놈의 돈”이라는 감독의 말은 미국 대학 스포츠의 문제를 단적으로 말하는 대사다. 돈에 의하여 대학 스포츠의 순수성이 타락했음을 보여 준다.

〈프로그램〉은 학생 선수들의 공부, 도핑, 부정에 대한 문제들을 보여 주고 있다. NCAA 규정에 의해서 학생 선수는 일정한 성적을 유지해야 한다. 하지만 학력 수준이 떨어지기 때문에 대리 시험이나 커닝 등의 문제가 나타난다. 그리고 경기 결과에 따라서 후원회에서 장학금을 지불한다. 이 영화에서 놓쳐서는 안 되는 것이 도핑에 관한 문제다. 주전으로 뛰기 위해 도핑을 하는 선수, 이를 알고도 묵인하는 감독을 보면, 미국 대학 스포츠의 문제를 확연히 볼 수 있다. 약물로 뛰는 선수들이 사라지지 않는 이유는 승리에 대한 과도한 집착 때문이다. 엄격한 도핑 검사가 필요한 상황이다.

〈코치 카터〉는 운동과 공부의 병행에 대해 다루고 있다. 운동만 하는 운동기계가 되는 현 상황에서, 운동만이 아니라 공부도 해야 한다는 것이다. 운동만 하면 모든 것이 해결되는 것이 아니라 운동에 앞서 공부가 필요하다는 것을 말하고 있다. 코치 카터는 농구 대회가 나가 우승하는 것보다 공부가 더 중요하다고 역설한다. 그 말을, 체육관을 열쇠로 잠그고 운동을 못하게 하는 코치의 결단에서 볼 수 있다. 학생들은 운동하고 싶어 몸이 달아오르고 학교 관계자, 지역 주민들 역시 운동을 시키라고 말하지만 코치 카터는 공부를 병행해야 한다고 거듭 말한다. 운동만 잘해서는 소용이 없다. 공부를 병행할 때 운동의 의미를 갖는다.

〈글로리 로드〉에서는 미국 대학 스포츠에서 흑인 선수들에 대한 차별을 볼 수 있다. 1960년대 미국 사회에서 만연한 흑인 차별의 모습이 대학 농구팀에서 재현되고 있음을 볼 수 있다. 흑인 선수들과 경기 자체를 갖기 거부하고, 흑인 선수들을 위협하고 농구를 하지 못하게 하는 사회의 폭력이 드러난다. 하지만 선수들은 포기하지 않고 사회적 차별 속에서 농구에서 자신들의 능력을 보여 준다. 단지 피부색이 다르다는 이유로 차별적 시선에서 벗어나지 못한 흑인 선수들이지만 그것에 대하여 좌절하지 않고 끝까지 경기를 통해서 자신들의 입장을 표현한다. 지금은 미 프로 농구 선수들 중 대부분이 흑인 선수인 것과 대조적이다. 과거에 그런 차별을 이겨냈기 때문에 가능한 것이다.

이상과 같이 미국에서 만들어진 영화 중에서 학생 선수에 관한 내용의 영화들을 중심으로 학생 선수의 문제에 대하여 알아보았다. 영화는 현실을 재현하고 영화를 통하여 문제 제기와 그 대안을 말하고 있다. 스카우트, 인종 차별, 운동과 공부의 병행, 도핑 등의 문제들을 발견하고 있다. 이러한 문제들은 미국 대학 스포츠에서 만연한 것들이다. 영화 역시 학생 선수들에게 그 문제에 대해 고민하고 숙고를 통해서 대안을 찾아보라고 말한다. 영화는 그 대안을 제시하고 있는지 모른다. 그것은 학생 선수가 운동하는 기계가 아니라 인격을 갖춘 인간이라는 것이다. 이 네 편의 영화가 모두 직접적이지 않지만 암묵적으로 혹은 간접적으로 인간 존중의 정신이 학생 선수에게 필요하다고 주장하고 있다.

30 체육 공부는 몸 닦기인가, 몸닦달인가?

몸 공부는 마음공부다. 몸과 마음으로 분리하는 입장은 고대 플라톤이나 근대의 데카르트까지 몸 따로 마음 따로 인식하는 입장이었다. 하지만 우리가 살고 있는 이 땅에서는 처음부터 몸과 마음을 구분하지 않았다. 지금과 같은 구분은 서양 학문의 수입으로 인하여 구별하게 된 것일 뿐이다.

몸과 마음은 구분될 수 없는 하나이기 때문에 몸은 곧 마음이다. 몸은 하나인데 둘의 성격을 가지고 있을 뿐이다. 보여지는 몸과 보여지지 않는 몸으로 구분할 수 있을 것이다. 뒤의 몸은 마음이라고 할 수 있다. 이처럼 몸의 하나이되 두 가지 양면성을 가지고 있다. 단지 그것이 현실화하는 과정에서 나타나는 모습이 다를 뿐이다. 몸과 마음은 하나다. 둘로 구분할 수 있는 것이 아니라는 것은 누구나 인식하는 문제다. 구분하는 것은 연구하기 쉽게 하기 위함이다.

몸 공부는 몸 닦기와 몸닦달로 나눌 수 있다. 몸 닦기는 몸과 마음의 공부이고, 몸닦달은 몰아세워 착취하는 공부다. 공부는 마음을 닦는 수양 공부이기 때문에 몸닦달이 되어서는 안 된다. 현재의 공부는 학생들을 닦달하여 공부하게 한다. 공부가 몰아세움의 결과에 의해서 평가되기 때문에 등수라는 숫자를 가지고 닦달하게 된다. 닦달은 자신을 돌아볼 수 있는 성찰의 시간조차도 사치라고 인식한다. 눈앞에 벌어지는 치열한 경쟁에서 살아남기 위해서는 몸을 닦달해서 개인이 가지고 있는 모든 것을 쏟아붓도록 만든다. 여기에는 수양이라는 마음공부가 들어설 자리가 없다.

몸 공부는 몸 닦기다. 몸을 닦는다는 것은 수양을 한다는 것이다. 자신의 인격을 세우기 위해서 부단히 닦는 것이다. 자동차를 닦는 것은 깨끗함을 유지하고 위함이다. 자신의 몸의 때를 닦기 위하여 목욕탕을 가는 이유도 여기에 있는 것이다. 보이는 때만을 닦고 보이지 않는 마음의 때를 닦지 않기 때문에 인격적 성숙은 기대하기 어렵다. 마음의 때를 닦아야 마음의 깨끗함을 유지할 수 있다. 마음의 때는 사욕에 해당한다. 권위, 부, 명예 등을 잡기 위해 마음의 때는 자꾸 마음을 흐리게 하여 자신을 볼 수가 없게 한다.

몸 공부는 마음공부이기도 하다. 몸 공부가 몸을 닦달하는 것이 아니라 몸 닦기여야 한다. 제대로 된 공부는 몸 닦기다. 이런 공부는 뒤로 한 채 무늬만 공부인 출세 지향의 공부만 하고 있다. 잘못되어도 한참 잘못되었다. 이제 공부는 경제적 유용성을 잣대로 몰아세워 몸닦달하는 것이 아니라, 자신을 돌아볼 수 있는 성찰의 시간을 주는 몸 닦기가 되어야 할 것이다. 지금의 공부는 몸 닦기보다는 몸닦달하는 공부가 대부분이다. 닦달함에 학생도 지치고 선생도 지친다. 사람을 살리는 공부가 아니라 사람이 가진 모든 에너지를 빼내는 공부다. 어떻게 보면 사람을 잡는 공부라고 할 수 있다.

31 사고 전환의 주체[1)]

인간의 삶은 가치를 지향한다는 입장에서 보면 가치 선택적 존재라고 명명할 수 있다. 따라서 이 글의 핵심적 사항은 엘리트 스포츠 행위 주체의 가치 선택의 문제라고 볼 수 있다. 가치가 내재적이냐, 외재적이냐 하는 선택의 문제에 의해서 엘리트 스포츠와 대중 스포츠를 구분하는 기준이 된다. 엘리트 스포츠는 고도로 수련된 소수의 운동선수와 지도자가 펼치는 경쟁적 과정이다.

스포츠는 몇몇 전문가만의 영역이라는 협의의 개념이 있는가 하면, 비록 경기 자체는 전문가들에 의해 성립되더라도 '관전'이라는 참가 못지않은 거대한 영역을 포함시켜 확대된 개념으로 해석하는 견해도 있다. 아마 오늘날 엘리트 스포츠는 후자의 입장을 차지해야 할 것이다(p.1). 여기서 엘리트

1) 이 글은 김동규와 이정식(1998)의 〈한국 엘리트 스포츠의 선결 과제: 사고의 전환〉에 대한 논평이다.

스포츠의 광의의 개념은 대중 스포츠와 구분이 어렵다. 스포츠에는 경쟁성과 유희성이 있다. 엘리트 스포츠는 경쟁성에 우위를 둔 것이고, 대중 스포츠는 유희성에 우위를 둔 것이다.

전자는 운동을 통하여 자기의 존재 가치를 외부로 드러내어 인정을 받고, 그를 통해 명성과 부를 추구한다. 후자는 단지 스포츠 그 자체를 즐기기 위한 동호인 중심을 말한다. 그러나 양자의 우위의 결정은 중요하지 않다. 단지 어떤 목적을 가지고 스포츠를 하느냐가 문제다. 이러한 문제에 대한 연구자들의 글은 지금까지의 연구 성과를 중심으로 한 스포츠에 대한 남다른 애정과 열정에서 비롯되었다고 볼 수 있다.

엘리트 스포츠의 문제 제기는 우리가 함께 풀어야 할 과제 중 하나임에 틀림없다. 이러한 문제의식을 가지고 연구자들이 접근한 해결 방법은 사고(認識)의 문제다. 이들은 스포츠 행위를 외재적 가치(수단적 가치)와 내재적 가치로 양분하고 전자에서 후자로 사고를 전환하는 것이 엘리트 스포츠에 대한 문제들을 해결할 수 있는 선결 과제라고 기술하고 있다.

그렇다면 과연 사고 전환의 주체는 누구인가? 이들의 말에 의하면, "엘리트 스포츠는 정책 입안, 시행자, 참여자와 후견인, 일선 지도자, 과학자, 국민 등이 총동원되어 조화로이 굴러가야 하는 거대한 굴렁쇠다."

연구자들이 주장하는 것은 엘리트 스포츠 관련자의 총체적 사고 전환이라고 본다. 엘리트 스포츠의 주체가 행정가가 되었든 운동선수가 되었든 간에 지나친 수단적 가치 추구에 의해 스포츠 그 자체가 내재하고 있는 즐거움의 추구와는 너무나 동떨어진 길을 걷고 있다. 이는 엘리트 스포츠의 목표로서 승리와 출세, 그리고 물질적 풍요라는 결과만을 중시하여 과정을 무시함에 기인하는 것이라고 볼 수 있다.

논문은 수단적 가치에서 내재적 가치로의 사고의 전환을 주장한다. 내재적 가치의 인자 중에 즐거움에 초점을 두고 있다. 그러나 논평자는 즐거움의 가치보다는 내재적 가치의 다른 자아실현, 신체적 탁월성, 기술적 완벽성, 미적 체험, 자아 인식, 창조적 행위와 가능성 실현 등에 중점을 두어야 한다고 본다. 스포츠 행위는 의미와 실재 그리고 과정 지향적 행동과 외재적 가치로 현상과 결과 지향적 행동으로 양분할 수 있다. 후자는 의미 없는 기계적 운동, 윤리적 문제 발생, 스포츠 교육적 가치 상실로 엘리트 스포츠의 위기를 초래할 수 있다. 반면에 전자는 의미와 과정을 중요시한다. 따라서 논평자는 즐거움의 가치 선택보다는 내재적 가치의 다른 구성 인자들을 표방해야 설득력을 얻는 데 용이하다고 생각한다.

신바람 나는 엘리트 스포츠의 장이 되기 위해서는 스포츠의 즐거움은 그 자체가 무엇과도 바꿀 수 없는 내재적 가치를 포함하고 있는 행위임을 자각하고 이를 추구하는 데 매진하겠다는 사고의 전환이 전제되어야 한다. 이러한 사고 전환이 제도 개선에 밑거름이 될 수 있기 때문이다(p.3). 이러한 주장은 엘리트 스포츠에서 대중 스포츠로 전환하자는 주장과도 같이 들린다. 대중 스포츠는 외재적 가치보다는 내재적 가치가 우선하며 그것을 즐기는 사람은 많다. 따라서 엘리트 스포츠와 대중 스포츠의 구별은 어느 쪽의 가치를 우위에 두느냐에 따라서 결정된다.

우리나라 운동선수들은 운동을 통한 지위 상승을 꿈꾼다. 즉 외재적 가치를 높이 평가한다. 예를 들어 황영조는 단지 가난에서 벗어나기 위해서, 살아남기 위하여 달릴 수밖에 없었다고 말한다. 그래서 경제력(돈)이 해결됐기 때문에 마라톤을 할 필요가 없어서 은퇴를 한 것 같다. 이처럼 엘리트 스포츠는 내재적 가치보다는 외재적 가치에 중점을 둘 수밖에 없다.

외국 선수들은 내재적 가치를 위해 운동을 한다. 물론 예외적으로, 미국에서 흑인들은 스포츠를 경제적 부와 지위 상승의 대상으로 간주한다. 개인적 즐거움과 기록 한계의 도전, 신체적 탁월성 등의 가치를 우선시한다. 우리나라도 경제력이 해결된다면 내재적 가치가 우선시될 것이다. 예를 들어 골프 선수들은 외재적 가치보다는 내재적 가치 지향성이 강할 것이다. 그들에게 경제력은 문제가 아니기 때문이다.

우리나라 스포츠에 대한 국민적 관심은 아주 높은 데 반하여 운동선수에 대한 신뢰도는 아주 낮다. 운동선수는 어린이의 우상이다. 반면에 운동선수에 대한 성인들의 태도는 운동선수는 무식하고 운동만 할 줄 아는 운동기계라는 부정적인 이미지가 강하다. 그러나 성인들도 월드컵이나 올림픽 등의 국제 경기에 대한 관심이 높으며, 밤잠을 설쳐 가면서까지 TV 중계에 몰두한다.

엘리트 스포츠 정책 입안자들에게 문제는 스포츠를 통하여 국가를 선전하는 것이다. 운동선수들은 인격이 존중되는 대상이 아니라 메달을 따 내는 기계로 인식되고 있다. 힘들어도 참아야 되는 강도 높은 훈련은 스포츠가 즐거움이기보다는 극복되어야 하는 대상으로 전환된다. 이것은 선수들에게 스포츠에 대한 인식을 전도시킬 수 있다. 단지 좋아서 스포츠를 하는 것이 아니라 살기 위하여 하지 않으면 안 되기 때문에 한다는 것은 문제가 있다.

마무리를 정리하면서 논평자는 불교 유심론의 한 구절을 인용한다. "一切 唯心造"라는 말이 있다. 즉 인간의 모든 일은 마음먹기에 달려 있다는 말이다. 스포츠를 외재적 가치로 추구하느냐, 아니면 내재적 가치로 추구하느냐 하는 것은 운동선수 본인의 선택적 결정의 문제로 귀결된다. 그러나 현실적으로 운동선수들은 도덕적 자율성보다는 엘리트 스포츠의 제도와 시스템에 의한 강제력에 의해서 파생되는 의식의 문제에 영향을 받고 있다.

결국 엘리트 스포츠의 문제는 운동선수 자신의 문제다. 그러므로 해결 방법도 본인 자신에게서 찾아야 한다. 이것은 운동선수 자신이 사고 전환의 주체가 되어야 한다는 것이다. 그리고 엘리트 스포츠의 문제는 가치의 위계질서의 전도에 있다는 것이다. 즉 수단적 가치와 내재적 가치가 조화와 균형을 추구해야 한다. 그러나 지금까지 수단적 가치가 지배적이고 상대적으로 내재적 가치라는 바퀴가 하위에 위치해 있었기 때문에 문제의 원인이 된 것이다.

스포츠에서 내재적·외재적 가치는 자동차의 양쪽 바퀴에 비유할 수 있다. 어느 한쪽 바퀴가 더 크게 되면 앞으로 갈 수 없는 현상과 같이 바퀴의 조화와 균형이라는 가치의 바퀴가 양쪽에 위치해야 하고 함께 굴러가야 한다. 더불어 인간 사랑의 휴머니즘 정신이라는 기름이 스포츠라는 자동차의 움직임의 원동력이 되어야 한다. 그렇지 않고 잘못 방향 지워진 엘리트 스포츠는 그야말로 유치한 놀이마당이 될 수도 있고, 인간이 아닌 동물들의 싸움판이 될 수도 있다.

32 한국 복싱은 발전하고 있는가[2)]

한국 복싱에 대한 역사 논문은 좀처럼 찾아보기 어렵다. 특히나 복싱에 대한 역사적 고찰은 복싱의 변화 과정 자체를 알 수 있게 한다는 이점이 있다. 이를 통하여 복싱 발전의 장애 요소와 개선점을 찾을 수 있다. 이런 점에서 이 논문의 가치를 말하지 않아도 입증된다.

특히 손수범은 복싱 선수로서의 경험이 있을 만큼 복싱에 대해 안목이 깊다. 그만큼 복싱에 대한 열정과 관심이 남다른 이점이 있다. 이런 점에서 연구자들의 복싱사에 대한 연구가 진행된 것 같다. 물론 이런 가치에도 불구하고 논평을 하기 위해서 몇 가지 문제를 제기할 수 있다.

첫째, 〈경제 성장에 따른 한국 복싱의 발전 과정에 관한 고찰〉이란 제목에서 암시하고 있는 것은 한국 복싱이 발전하고

2) 이 글은 손수범과 나영일(1999)의 〈경제 성장에 따른 한국 복싱의 발전 과정에 관한 고찰〉에 대한 논평이다.

있다는 것이다. 하지만 내용에서 보면 복싱은 퇴조하고 있다는 사실을 알 수 있다. 따라서 논제에서 '발전 과정'이라고 하기보다는 '변천 과정'이라고 하는 것이 논제와 내용이 일치한다고 볼 수 있다. 구체적 예를 들어 설명해 보자.

90년대 고도의 경제 성장기에는 복싱이 모든 부문에서 감소 추세를 보이고 있다(p.26)고 기술하고 있다. 그러나 이것은 현(現)상적인 결과에 불과하며 실(實)질적인 복싱 인구의 증가를 찾아볼 수 있다. 90년대에는 복싱 인구의 다변화를 볼 수 있다. 다변화 현상은 여자 복서의 등장과 캠퍼스 복싱 동아리의 형성, 직장인들의 복싱 신인왕전 참가 등에서 찾을 수 있다.

복싱 선수는 적어지고 있지만 역으로 복싱 인구는 증가하고 있음을 확인할 수 있다. 그 대표적인 예가 90년대 복싱 인구의 대중화와 등록단체 수의 증가이다. 특히 변정일의 도장처럼 현대인의 기호에 적합한 프로그램을 운영하는 도장들이 늘어나고 있다.

둘째, 복싱을 개발도상국 스포츠라고 명명할 수 있는 근거는 어디에서도 찾을 수 없다. 복싱이 자본주의에 영향을 많이 받는다는 것은 사실이다. 미국의 복싱에 대한 인기를 어떻게 해석할 수 있는가? 사회경제적 요인에 의하여 사람들이 복싱을 한다. 하지만 그 이면에 내포하고 있는 것은 개인의 문제이다. 인종, 종교, 개인의 취향에 따라 복싱에 참여할 수 있고 참여에 제약을 받을 수 있다는 점이 간과된 것 같다.

셋째, 메달 수와 복싱의 발전은 밀접한 관계가 없다. 현상적으로 나타나는 메달 수는 단지 엘리트 선수의 결과물에 불과하다. 실제로 살펴보면, 메달에 관계없이 복싱을 건강과 다이어트를 위해 즐기는 대중 인구는 간과할 수 없다는 점이다. 과거의 복싱 인구는 선수 중심에 지나지 않았다. 아무나 복싱을 할 수 있는 운동이 아니었기 때문이다. 그만큼 일반인의 접근이 제한되어 있었다는 것을 암시했다. 이 시절에는 지금과 비교하여 선수층이 두껍고 메달 수가 증가했지만, 역으로 대중적인 복싱 인구는 그만큼 적었음을 확인할 수 있다.

물론 도장을 찾지 않고 TV 중계로 관람하는 잠재적 복싱 인구는 엄청 많았다고 말할 수 있지만, 실제로 직접 글러브를 끼고 복싱을 한 사람은 많지 않았다. 지금의 현상은 대중적인 관심을 가지고 특수층이 아니라 일반인들이 복싱을 직접 하면서 즐기는 시기가 도래하였다는 점이다. 실질적으로 복싱 인구는 엘리트 선수 중심의 과거보다는 현저히 증가했다고 볼 수 있다.

넷째, 경제 성장과 복싱의 관계는 일반화시킬 수 없다는 것이다. 경제 성장과 복싱의 상관관계는 한국과 같은 특수한 상황에서나 일치하는 것인가, 아니면 다른 나라에도 적용할 수 있는 일반화된 이론적 틀이 되는가이다. 경제적 요인에 한정하여 복싱의 변천 과정을 의미하는 것은 미시적인 일부분의 접근에 해당한다고 본다.

당대의 정치적 영향과 사회적, 교육적, 봉건적 유교문화에 의하여 영향을 받지 않았는가 하는 점이 여전히 유효하다. 인간의 행위는 총체적 성향을 보인다. 어느 한쪽의 일반적인 영향으로 변화하지 않는다. 그런 점에서 이 논문에서 경제 성장에 따른 문제는 미궁으로 남는다.

특히 한국 복싱의 퇴조는 IMF(국제구제금융)의 영향으로 침체기로 들어선 것이 아니라, 주변 변수들에 영향을 받았기 때문이다. 예를 들어 쿠바 선수들 같이 복싱에 대한 강대국 선수들의 대거 등장과 더불어, 복싱 경기력 자체가 그만큼 평준화되었다는 것으로 해석할 수 있다. 이는 경제적 변화 그 자체의 일방적인 영향을 받은 것이 아니라는 사실을 입증하는 것이다.

(1999. 6. 19)

33 대장장이와 연금술사[3)]

체육은 어디로 가고 있는가? 과학화와 학문화로 인한 학적 위상은 격상되어 높아만 간다. 다시 말해서 체육의 현상(現)은 좋아만 보인다. 그러나 그와는 대조적으로 지금에 체육의 실재(實)는 그렇지 않은 모습이다. 즉, 체육에서 인간의 웃는 얼굴을 찾아보기 힘들다. 그만큼 무표정하고 굶주린 동물의 야만스러운 모습으로 변모해 가고 있다.

우리의 모습은 주변인들에 대한 열등한 의식과 그 의식 속에서 파생되는 초라함을 극복하려는 몸부림 뒤에 지친 꼴이다. 학문적 열등감에서 탈출하기 위해서 과학과 학문이라는 만병통치약을 먹으며 무한질주했던 지난날, 우리는 잠시도 뒤돌아보지 못하고 오늘날까지 달려왔다. 이제 지쳐서 잠시 시간을 얻어 우리의 모습을 되돌아보고 반추해 본다. 그러나 현재 우리의 얼굴에서 웃음을 잃어가고 인간의 본모습을 상

3) 이 글은 최의창(1999)의 《체육학의 역연금술》에 대한 서평이다.

실했다는 소중한 깨달음을 점차적으로 인식하게 되었다.

최의창 교수의 글에서, 항상 살아 있는 생생한 자신의 목소리, 삶에 대한 반성적인 모습을 본다. 지금 내가 서평 하는 이 글 또한 그리스 신화와 동양 고전의 메타포 형식을 사용하여 우리 체육의 현실을 진단하고 있다. 어디가 잘못되어 수술을 해야 하는지, 아니면 약을 써야 하는지 진단할 의사가 없는 현실에서 우리에게 삶에 대한 희망과 용기를 주는 의사로서의 역할을 하고 있다.

그는 정확한 진단을 해내고 있다. 즉, 체육의 의사로서 역할을 충분히 해내고 있다. 병을 진단하는 것은 약간의 의학적 지식만을 가지고 있다면 가능하다. 그러나 진단에 따른 처방은 어렵다. 처방은 해결책을 제시해야 하기 때문이다. 그뿐만 아니라 희망을 주어 우리 스스로 완치할 수 있는 재활의 힘을 준다.

체육에서 상실한 웃음을 돌려받을 수 있는 길은 우리의 황금에 대한 욕망을 죽이는 길이다. 오직 금메달을 위해 살아오고 달려온 우리의 얼굴은 무표정할 수밖에 없다. 너무나 힘들게 앞만 보고 달려왔다. 오직 살길은 이 길밖에 없다는 굳은 신념으로 매진한 것이다. 그러나 그것은 인간의 얼굴을 한 체육의 모습은 아니었다. 비극적인 모습을 한 인간의 얼굴이었다. 정글 속에 생존을 위해 오늘도 사냥감을 찾고 그것을 향해 온몸을 던지는 한 마리의 하이에나의 모습이다.

그의 논지는 간단명료하다. 그만큼 이해가 빠르고 동양적 여운이 깊게 남는다. 그의 글의 논의는 우선 〈마이더스 터치〉에서 우리 시대 체육의 자화상을 암시한다. 마이더스의 손은 황금을 만들어 내는 손이다. 그가 만지는 것은 무엇이든지 황금으로 변한다. 심지어 사랑하는 딸마저 황금으로 변하는 추한 결과를 본다. 그리고 〈체육의 과학화〉에서 그는 체육의 학문화와 과학화는 학적 격상을 가져왔지만 그 뒤에 상실한 것이 역시 남는다고 말한다. 그것이 과연 무엇인가 하는 것은 여지없이 〈윤편의 바퀴 만들기〉에서 나타난다.

현상적인 가시적인 결과에만 만족하고 웃고 있는 사이, 우리가 상실한 실재의 모습은 윤편의 바퀴 만들기에서 보여 준다. 그것은 과연 어떤 형태의 지식인가? 글과 말로 표현할 수 없는 미지의 힘이 궁금하게 여겨진다. 그것 또한 〈묵시적 차원과 실천적 지식〉이란 것을 알 수 있다. 〈체육의 역연금술〉은 체육이 걸어온 연금술에 반하는 역연금술을 제시한다.

이것은 과학화와 학문화로 현상적인 결과에서 매달려 온 잘못된 결과에 대하여 그것에 반하는 체육의 속과 안으로 들어가서 우리가 가야 하는 길을 찾아야 한다고 끝맺음을 하고 있다. 체육학의 역연금술이 우리의 상실했던 제자리를 찾아주는 길이다.

체육의 지적 열등감은 학문화와 과학적 접근을 통해 해결하려고 했다. 그러나 그것은 우리가 잘못된 방향으로 가고 있다는 사실을 분명하게 보여 준다. 그의 글은 현재 체육학의 연구가 자연과학의 실증주의 연구 방식이 독재자로 군림

한 것에 반감을 가지고 인문·사회학 영역의 관점으로 돌리고 있다. 이것은 양적 연구 방법의 독무대에 질적 연구 방법을 이용하는 일련의 무리가 형성된 것을 의미한다.

그래서 우리가 모방만을 하는 것이 아니라, '체육이 다른 학문과 차별화될 수 있는 독특한 앎이 무엇인가?' 하는 의문을 제시한다. 체육에서 지식은 대략 두 가지로 구분될 수 있다. 먼저 명제적 지식이다. 그것은 '과학적 지식 = 기술적 지식 = 객관적 지식 = 명시적 지식 = 마이더스의 터치'다. 다른 하나의 지식은 '실천적 지식 = 주관적 지식 = 암묵적 지식(폴라니) = 전통적 지식(오우크쇼트) = 윤편의 바퀴 깎는 기술'로 양분할 수 있다. 그는 후자의 지식에서 체육의 독특한 앎을 찾아낸다.

하지만 모든 것은 양면성을 가진다. 인간의 얼굴은 희극과 비극으로 차이를 둘 수 있다. 겉과 속, 안과 밖, 몸과 마음, 그리고 현상과 실재로 양분할 수 있다. 체육 또한 이분법의 논리 사슬에서 벗어나지 못한다. 체육은 인문, 사회과학과 자연과학으로 연구 영역을 구분한다. 자연과학이 체육의 독재자였으며, 또한 최고의 지위를 차지했다. 반면에 인문, 사회과학은 항상 서자 노릇만을 해왔다. 주관적, 예술적, 직관적으로 파악되는 앎은 지식도 아니라고 모멸을 당해 왔다. 그러나 체육은 양면성을 가진다. 다시 말해서, 체육이라는 수레는 인문사회과학이란 바퀴와 자연과학이란 바퀴의 조화에서 굴러 온 것이고 미래에도 굴러 갈 것이다. 그러나 지금까지 후자의 바퀴가 너무나 비대해서 제 속력을 내지 못했다. 우리는 수레의 바퀴가 조화와 균형이 필요하다는 것을 망각하고 있었다.

과거의 것은 무조건 좋다, 지금은 무조건 잘못됐다는 사고는 지양해야 한다. 체육에서 양적 연구의 한계로 질적 연구 방법이 대두되고, 서양 의학에서 동양 의술이란 대체 의학이 각광받는 것은 서양 의학 자체의 한계에 직면했기 때문이다. 그것은 바로 다른 쪽 바퀴를 보지 못했다는 것이다. 수레는 두 개의 바퀴로 굴러간다. 한쪽 바퀴는 크고 좋은 재질로 만들었고 다른 쪽 바퀴는 작고 값싼 재료로 만들어서 수레바퀴로서의 용도로 쓸모가 없다면, 그 수레는 앞으로 나가지 못한다. 수레의 몫을 상실한 고물에 불과하다. 그래서 수레는 제 속력을 내지 못한다.

물론 최의창 교수가 주장하는 바는 지금까지 우리가 대접받지 못한 한 측면이라는 것을 안다. 그러나 그렇다고 황금만능주의, 과학지상주의처럼 실천지상주의, 개인적 지식의 강조만을 주장하는 것 역시 좋은 모습은 아니다. 예를 들어 그가 말하는 축구를 안다는 것은 축구적 안목, 축구적 사고방식, 축구적 삶의 방식 등을 깨닫는 것을 의미한다. 이것이 축구의 실천적 지식이다. 그러나 이것만으로 축구를 안다고 할 수 있을까? 축구의 기술적 지식과 이론적 지식을 알지 못하고 축구를 안다고 할 수 있을까? 양 측면을 모두 다 알아야 비로소 축구를 안다고 할 수 있지는 않은지 의문이 여전히 남는다.

어느 것이 진짜 체육적 앎인가? 이 질문은 많은 시간을 요하는 논쟁의 지속만을 남긴다. 그것보다는 체육의 겉과 속의 서로 다른 모습을 받아들이고 화해와 공존에서 체육의 모습을 더 분명히 해야 한다. 그리고 체육적 앎의 본질은 실천적 지식, 암묵적 지식 등 전통적이고 개인적인 지식을 환원하여 그것을 타인에게 가르칠 수 있을까 하는 의문이 남는다. 道可道 非常道의 말처럼 이미 말로 표현한다면 그것은 이미 본질에서 저만큼 벗어난 것을 의미한다. 그것은 말과 글의 힘을 뛰어넘어 뜻에서 의미를 찾아야 한다. 느낌과 체험 그리고 체득을 통한 앎으로 道에 접근할 수 있을 것이다. 다음은 최의창의 말을 인용한 것이다(p.55).

> 학문적, 과학적 접근에 의해 황금화되어 버린 바로 그 부분에 대한 복구가 요청된다. 과학의 연금술에 의해 객관화되고 명시화되어 버린 체육의 묵시적 차원과 체육지도자의 실천적 지식을 다시금 그 본래의 모습으로 되돌리려는 시도가 절실하다. 납은 납일 때 그 본래적 가치를 갖는 것이다. 우리에게는 금으로 변해 버린 납을 원래의 그것으로 복원시키는 '역연금술'이 요구된다. 과학의 도금을 벗겨 내고 실천적 지식과 묵시적 차원을 드러내는 체육의 역연금술이 필요하다. 황금만능주의가 인간을 인간답게 만드는 인간성과 도덕성의 몰락을 부추기듯이, 과학만능주의는 체육을 체육답게 만드는 실천적 지식과 묵시적 차원의 소멸을 불러

일으킨다. 이들이 소실된 체육은 온전한 체육이 아니라 형각화된 체육일 뿐이다.

앞으로 체육은 의미를 찾아야 한다. 스포츠 현상의 변화가 아니라 그 속에서도 변하지 않는 자신의 실체를 찾는 것 가운데, 본인의 운동하는 의미를 찾아야 한다. 그 의미가 우리가 찾는 체육적 앎일 것이다. 다른 지식과 구별될 수 있는 앎이다. 몸으로 배운 것은 잃어버리지 않는다. 평생 동안 몸에 간직하고 있다. 자전거의 예를 들어보자. 자전거를 탈 줄 아는 것은 자전거에 대하여 현상적인 것을 아는 것이 아니라 자전거의 암묵적, 실천적 지식을 아는 것이다. 그 앎을 실제로 행할 줄 아는 힘이다. 한번 몸으로 익혀 놓은 지식은 평생 동안 망각되지 않는다. 그러나 대조적으로 머리로 배운 것이 쉽게 망각된다.

이 글에서 체육지도자는 납을 금으로 바꾸는 체육의 연금술사다. 그러면 이론(명제적 지식)을 가르치는 체육 교사(교수)는 연금술사라고 이해해도 되지 않을까 생각하게 된다. 대장장이와 연금술사의 차이는 무엇인가? 대장장이는 광석을 가지고 일상생활에 필요한 도구와 용구를 만들어 낸다. 그의 꿈은 금이 아니라 튼튼하고 견고한 삽이나, 괭이를 만드는 것이다. 그러나 연금술사는 광물(납)을 가지고 인위적으로 금을 만드는 사람이다. 이 시대가 요구하는 사람은 과연 어떤 사람인가? 무명의 선수를 훈련시켜 금메달을 획득하게 하는 연금술사인가, 아니면 묵묵히 일상생활에 필요한 농기구를 만드는 대장장이인가? 화려하지는 않지만 일상생활에 꼭 필요한 생활체육인을 조련시키는 대장장이가 이 시대에 더 필요로 하지 않은가 하는 것은 이 글을 읽는 사람의 판단에 맡긴다.

체육은 엘리트 체육과 대중 체육으로 참여 정도에 의하여 말한다. 엘리트 체육은 국가 주도로 태릉선수촌에 장기간 합숙을 시켜 금메달을 만드는 연금술사(체육지도자)의 용광로다. 그러나 연금술사는 대중 체육에 그들의 현란한 솜씨를 발휘하지 않는다. 대중은 대장장이의 몫이다. 대장장이는 대장간에서 익힌 노하우, 즉 실천적 지식을 통해 자신의 몫을 다한다. 그들은 일상생활에 필요한 칼이나 낫을 만들다. 장식용인 황금 칼이나 황금 낫은 쓸모없을 뿐이다. 대장장이(체육 교사)는 광석(학생)을 두들겨 용구(사람됨, 성숙된 인간, 전인)와 일상적인 삶에 필요하고 유용한 도구를 생산해 낸다.

'체육의 과학화에 의해서 가려진 체육의 실천적 측면에 대한 관심이 요청된다. 이 실천적 측면에 대한 관심은 자연과학의 마이더스 터치에 의해 싸늘한 황금덩어리로 화한 체육을 다시 따스한 온기가 휘감아 도는 살아 있는 체육으로 만들어 줄 수 있을 것이다'(최의창, 1999). 다시 말해서 인간의 얼굴을 한 체육의 눈에 빛이 살아나고 낯빛이 밝아지는 얼굴을 볼 수 있게 한다. 올림픽에서 월드컵에서, 금메달과 우승은 희극이지만 어떻게 보면 비극이 아닐 수 없다.

이 글은 체육의 문제만이 아니다. 오늘날 이 땅에서 신지식인과 같은 생산적인 인간을 원하는 자본주의 사회 토대에서 '인문학의 위기'를 대변한다고 할 수 있다. 사람됨, 교양이 있는 삶에 대한 이해와 깊이가 있는 인간은 이 시대의 조류에 반하는 부류의 인간인가? 과연 우리는 누구를 위한 삶을 살고 있는가? 어디로 가야 하는가? 체육에서 우리 인문학을 하는 부류의 사람들이 왕따를 당하지 않기 위해서는 무엇이 체육의 본질인가 하는 명확한 해결책을 제시해 주어야 한다.

나는 내가 가르치는 학생의 얼굴에서 미소를 보았다. 아무리 말을 해도 이해하지 못하는 한 학생이 반복적인 동작의 시행착오 뒤에 얻은 무엇인가 터득한 깨달음의 미소를 잊지 못한다. 끝으로 체육의 인문학을 공부하는 이들에게 다음과 같은 글을 보여 주고 느끼고 깨닫게 하고 싶다.

> 스스로의 학문적 근거에 대해서 스스로의 논의를 통하여 학문적 토대를 구축하려는 노력 없이 학문 연구가 진행될 때, 한국의 인문, 사회과학은 학문의 외양은 있되 진정한 의미에서 자신의 정신세계는 갖추지 못한 허구의 상황을 영원히 탈피하지 못하게 될 것이다. …… 한국의 인문, 사회과학자들이 자신들의 정신세계 자체를 '진지하게' 검토, 반성하는 데 있는 것이다. 정신의 자기반성은 학문의 시작이자 끝이며, 오직 인간만이 향유할 수 있는 특권이다. 남의 흉내를 잘 낸다는 것은 인간과 비슷하게 생긴 동물의 덕

성은 될 수 있어도 인간, 특히 지식인의 덕성은 될 수 없는 것이다(양승태, 1999. 철학과 현실, 봄 호).

(1999. 4. 17)

34 경(敬), 스포츠의 행위 준칙인가[4)]

이 논문의 연구 목적은 퇴계가 수립한 경 철학을 스포츠 윤리학적으로 조명하는 것이다. 스포츠 윤리학은 스포츠 장에서 벌어지는 상황의 옳고 그름을 다루는 도덕과 가치의 체계를 연구하는 분야이다. 따라서 스포츠 윤리학은 스포츠 행위의 지침으로 기능할 수 있을 뿐만 아니라, 그 행위에 포함되어 있는 의무나 이를 위한 규범을 제정하기도 한다. 경 철학을 조명하는 이유는 이것이 우리의 현재 잘못된 스포츠 상황에 어떤 해결의 단서라도 제공하는 것이 있기를 희망하기 때문이라고 볼 수 있다(p.233).

논자는 퇴계의 경 철학을 스포츠의 행위 원리로 해야 한다는 것을 조심스럽게 말하고 있다. 이를 위하여 논자는 '경이란 무엇인가?'에 대한 개념을 알아보고 '경이 윤리가 될 수

---

4) 이 글은 이진수(1998)의 〈경 철학의 스포츠 윤리학적 고찰〉에 대한 논평이다.

있는가?' 하는 문제를 통하여 윤리로 규명하고, '경은 신체인가, 정신인가?' 하는 문제 제기를 통하여 경은 신체라고 말하며, 끝으로 '경으로서의 신체 활동'을 말하면서 경은 스포츠의 행위 원리가 되어야 한다고 말하고 있다.

그러나 경 철학의 핵심 논리를 스포츠 맥락에 적용하는 것에는 몇 가지 문제가 있을 수 있다. 그러면 어떤 문제가 있는지 하나씩 살펴보자. 우선, 윤리와 도덕의 차이점을 이해할 필요가 있다. 윤리학은 도덕적인 현상을 이론적으로 혹은 합리적으로 규명하는 것을 목적으로 하고 있음에 비해, 도덕은 학문적인 연구를 의미하는 것이 아니라 각 개인이 자신의 활동을 살펴보는 기준을 의미한다.

경이란 몸과 마음을 하나가 되도록 하는 신체 기법이라 할 수 있다. 정통 주자학은 경이 결단코 신체가 아니라고 반대할 수도 있다. 퇴계가 우리에게 경하라고 설득할 때, 그는 그것이 인간의 마음에 앞서 신체를 검속함으로 성취된다는 신념을 가지고 있었다. 우리가 경이 신체인가 혹은 정신인가를 음미해 본 데서도 분명하다. 경이 신체라는 퇴계의 신념은 그대로 그의 행위 원리가 되었다. 행위 원리는 우리가 무엇을 배우고 행동할 때 그 바탕이 되는 필수적인 것이다. 윤리가 바로 인간의 행위와 직결된다는 점에서 퇴계의 경은 지금 우리에게 절실하다고 하겠다(p.235).

잠을 잘 때도 걸을 때도, 공부할 때도, 운동할 때도 경하라는 것을 우리는 퇴계의 지상 명령으로 인정하지 않으면 안 된다. 이것은 어려운 일이 아니다. 잠을 잘 때는 잠을, 걸을 때는 걷는 것만을, 운동할 때는 운동에만 마음을 두라는 것이다. 경은 무의식적인 행동이 아니다. 사람이 의식하고 행동하는 것을 행위라 한다면 경은 행위의 원리가 된다.

선수들에게 '해야 한다' 하는 강제력의 행사는 문제가 있는 것이다. 윤리적 행위는 강요에 의해서 수행하는 것이 아니라 선수들 간의 윤리적 합의에 따라 수반되는 것이며, 그것을 환원하여 스포츠 맥락에서 일반적인 행위 규범이 되는 것이다. 예를 들어 축구 경기에서 상대팀 선수가 경기장에 쓰러져 있는 것을 보고서 공을 아웃시키고 그 선수가 경기장에서 일어나면 다시 상대팀에게 공을 차 주는 일반적인 모습을 볼 수 있을 것이다.

오늘의 세상은 스포츠맨십이 게임맨십으로 변모한 지 오래다. 경은 이미 지나간 세계의 행위 원리였지만 한 번도 스포츠의 세계에서 선택된 적이 없었다. 한국의 근대화를 그르친 봉건 시대의 이념이라는 굴레 속에서 경의 가치가 버려졌기 때문이기도 하다. 그때에 우리는 모두 경쟁과 자본으로 상징되는 서구의 스포츠 이념을 아무런 비판도 없이 주저하지 않고 선택했다(p.238).

경 철학은 퇴계의 중심 철학이다. 경 철학은 조선 시대의 유교 사회의 배경을 가지고 있다. 조선 시대는 유교의 중심 논리인 삼강오륜의 행동 규범이 지배하는 사회 체제였다. 따라서 과거의 유교적 윤리인 경 철학을 사회의 하부 구조가 상이한 지금의 시대에 적용하는 것은 문제가 있다. 이것은 현재 문제가 되는 청소년들의 윤리적 문제를 과거의 교육 체제인 삼강오륜과 명심보감을 교육시켜 해결하려는 생각과 유사하다. 즉, 조선 시대와 현대의 하부 구조가 다르다는 것을 인식할 필요가 있다. 조선은 농경 사회이며 봉건 사회의 하부 구조를 가진다. 그러나 근대 이후의 스포츠는 합법성과 정당성이 지배한다. 또한 경은 일상생활의 규범 윤리이지 스포츠 맥락의 비일상적 세계에 적용해서는 안 된다고 생각한다. 다시 말해서 스포츠라는 말은 바로 사람들이 일상생활의 경직과 압력에서 주의를 딴 데로 돌린다는 원래의 의미를 전달한다. 기분전환을 목적으로 하는 '일상에서의 도피'를 말한다. 그런데 사회적 행위 원리인 그것도 보편적인 행위 원리가 아니고 유학자(상류층)의 행위 원리를 일상생활을 도피하려고 행하는 스포츠에 적용한다는 것은 문제가 있다. 논자는 다음과 같이 말한다.

"경을 우리의 행위 원리로 삼자는 것은 어려운 결단임이 분명하다. 사람이 하나의 결단으로써 행위 원리를 바꾸고 선택하는 것은 매우 어려운 일이기 때문이다. 스포츠 상황의 어려운 문제를 해결하는 데 우리들의 선조와 선배들이 수립한 행동 원리가 최선의 것이라고 고집할 생각은 없다. 그러면서도 우리는 이 글에서 도덕에 관심이 깊은 사람들은 항상 보다 나은 삶의 길을 찾아 노력한다는 점을 강조하고 싶을 뿐이다."

스포츠의 윤리를 개인 윤리와 사회 윤리로 구분한다면 경 철학은 개인 윤리에 해당한다. 경 철학과 같이 개인 윤리에서 말하는 개인의 도덕적 자율성은 모든 스포츠에서 발생하는 윤리적 문제의 해결책으로 간주하는 데 한계가 있다. 모든 윤리적 문제의 해결은 개인의 도덕적 자율성과 사회 구조, 정책에 의해 파생되는 강제력에 의하여 해결되는 것이다. 물론 윤리적 문제는 인간의 도덕적 자율성의 강화를 통해 해결된다면 그 이상의 해결책이 없다. 그러나 현실은 그렇지 않다. 스포츠의 윤리적 문제의 발생 원인은 선수들이 스포츠맨십을 모르기 때문에, 또는 스포츠맨십의 교육을 받지 않았기 때문에 야기되는 것은 아니다. 사회 구조(감독, 학교, 구단주)에 의하여 선수들에게 작용하는 힘의 논리(승리)에 의하여 선수들은 자신의 도덕적 자율성을 무시하고 사회 구조에 의하여 파생되는 강제력에 의해 행동을 하는 데 있다. 따라서 경 철학이 모든 스포츠의 윤리적 문제를 해결할 것이라고 기대하는 것은 무리가 있다.

퇴계에게 투호의 본질적인 가치는 사교보다는 투호 행위에서 나타나는 덕성의 함양에 있었다. 제자들에게는 투호를 실시케 하고 그 덕을 보게 하였다는 퇴계의 언행록의 기록이 이를 입증한다. 투호는 〈예기〉에 실린 그대로 화와 엄, 격식과 규범, 주인과 손님이 오만하지 않고 승부에 승복하는 마음이 고루 교차되는 경기로, 퇴계가 생각한 경에 합치되는 운동이었다. 화살에 표적을 명중시키기 위한 정신 집중은 심신일여, 표리여일의 체험을 직접 유발시킨다는 점에서도 퇴계는 경을 수련하는 제자들에게 적극적으로 이 투호를 체험케 하였으리라 짐작된다. 퇴계에게 투호는 경으로서의 신체 운동이었다(p.260).

개인 경기에는 가능하나 단체 경기에 경 철학을 적용하는 것은 무리가 있다고 본다. 즉 양궁이나 동양의 무도인 태권도, 유도, 검도 등의 수련 종목에는 경 철학을 행위 준거로 적용하는 것이 바람직하다. 그러나 단체 경기인 축구나, 농구 같은 여러 사람이 함께하는 경기에서의 경 철학의 적용은 한계가 있다. 단체 경기는 선수들이 암묵적으로 동의한 스포츠맨십과 페어플레이에 의하여 지배받는다. 예를 들어 축구 경기에서 상대방 선수가 부상을 당했다면, 그때 골을 아웃시키고 다시 공을 아웃시킨 팀에게 차 주는 것은 선수들에 의하여 합일되어진 스포츠의 정당성이 지배하는 윤리적 행위 원리다. 이처럼 행위의 준거는 항상 선수들 간의 합의된 윤리적 담론인 스포츠맨십이 지배하기 때문이다. 그것은 룰처럼 합법성을 얻는 것이 아니라 정당성을 가질 뿐이다. 이러한 정당성은 스포츠 맥락에서 지배하는 행위 원리가 되는 것이다.

스포츠의 윤리는 합법성과 정당성에 의하여 규정된다. 합법성은 스포츠의 룰을 말한다. 스포츠의 지배 법칙은 룰이다. 룰은 행위의 근거로 선수의 비윤리적 행위를 규제하고 벌칙을 내릴 수 있으며 그것을 통하여 선수들을 상해에서 보호하는 장치이며, 스포츠 그 자체를 말하는 구성 요소다. 이와 더불어 정당성은 스포츠맨십이나 페어플레이 정신과 같은 측면을 말한다. 이것은 선수들 간의 윤리적 담론에 의하여 합의된 것이며, 이는 암묵적으로 동의하는 행위 원리가 된다. 그러나 항상 문제가 되는 것은 합법성과 정당성을 동의어가 아니고 동일선상에서 보려고 하기 때문이다. 룰은 합법성의 문제이고 페어플레이는 정당성의 문제가 되는 것이다. 그러하다면 경은 정당성의 문제다. 경이 선수들 사이에서 정당성을 얻을 수 있다면 그것은 스포츠의 행위 원리로 수용될 수 있는 것이다.

스포츠의 윤리 문제는 스포츠에 참가하는 선수들 자신의 문제이기보다는 스포츠 윤리를 생산하는 담론 생산자들의 문제의식이 되고 있다. 운동선수는 전혀 의식하지 못하는 문제의식이 주변에서 관찰하는 외부인에 의해서 아주 구체적으로 제기될 뿐이다. 현실에서 스포츠의 인기는 비윤리적 행위에서 비롯되는 경우가 있다. 어떻게 보면 약간의 비윤리적 행위를 통하여 많은 사람들의 관심을 유도하고 있는 것이 아닐까 생각한다. 권투나, 아이스하키, 그리고 미식축구 등의 격렬한 몸싸움은 스포츠 맥락에서 한정하여 행하는 경기다. 그런데 이러한 맥락에서 제기되는 윤리적 문제는 스포츠의 문제라기보다는 스포츠 윤리 담론 생산자들이 만들어 낸 문제가 아닌가 생각해 볼 수 있다. 그들은 스포츠의 윤리적 문제를 확대 해석하여 자신의 생존과 명성을 유지하는 방법으로 이용하는 것은 아닌가.

(1998. 11. 28)

35 세 가지 관점과 세 가지 질문[5)]

이 글은 스포츠와 미술의 접목을 통한 서울올림픽미술관의 존립 및 특화라는 주제에 대한 발표자의 관심과 노력이 짙게 배어나는 발표 원고에 대한 일종의 질의서이자 논평의 글이다. 특히 발표자의 논리적인 주제에 대한 논의는 읽는 사람으로 하여금 명쾌함을 선사한다. 이 글을 지배하고 있는 논리는 두 가지다.

하나는 스포츠와 미술의 접목이다. 다른 하나는 서울올림픽미술관의 존립 및 특화에 관한 세 가지 관점을 제시하고 있다. 스포츠에서의 미적 측면을 주제로 하는 미술 창작의 관점과 올림픽 운동의 이념을 중심에 두는 관점, 그리고 스포츠와 미술이 아닌, 스포츠계와 미술계의 접목이라는 관점이다. 이에 대하여 세 가지 의문을 가지고 다른 견해를 제시해

---

5) 이 글은 김홍식(2005)의 〈스포츠와 미술의 접목 가능성〉에 대한 논평이다.

보았다.

첫째, 스포츠에서의 미적 측면을 주제로 하는 미술 창작의 관점이다. 발표에 의하면, "서울올림픽미술관은 스포츠와 미술의 접목을 상징한다는 의미에서 스포츠와 미술, 양 영역의 접목을 구현하고 확장하는 의미를 담고 있는 미술 작품의 소장, 창작 장려 및 교육 등을 존립 및 특화의 근거로 삼을 수 있다." 스포츠와 미술의 접목은 올림픽 역사에서 스포츠의 예술성을 드러내는 유물을 통해서 확인할 수 있다. 운동선수를 소재로 한 창작 작품들이 지금도 남아 있어서 당시의 스포츠와 미술의 관련성을 찾을 수 있다. 원반던지기의 조각과 항아리에 새겨진 운동선수들의 운동하는 모습은 스포츠와 미술의 접목을 증명하는 것들이다. 따라서 서울올림픽미술관 역시 올림픽이나 스포츠, 운동선수의 역동적인 움직임을 소재로 한 창작을 촉진하는 계기로 그와 관련된 미술 작품들을 우선순위로 전시할 수 있도록 작가들에게 많은 기회를 제공하는 것이 필요하다. 이를 계기로 스포츠를 소재로 한 창작 작품들이 지속적으로 창작될 뿐만 아니라 스포츠와 올림픽의 정신성과 예술성을 강화하는 계기가 될 수 있을 것이다.

둘째, 올림픽 운동의 이념을 중심에 두는 관점이다. 발표자에 의하면, "서울올림픽미술관 존립 및 특화는 스포츠와 미술의 직접 접목을 근거로 삼지 않고도 가능하다. 체육계의 입장을 고려하는 측면에서, 서울올림픽미술관의 운영을 올림픽 운동의 연장선에서 이해하고 올림피즘의 지향인 평화의 이념을 그 존립 및 특화의 주제로 삼을 수 있다." 평화 이념이라는 것은 예술 작품에서 이미 구현하고 있는 이념이라고 생각한다. 그렇기 때문에 차라리 스포츠 정신, 올림픽 정신, 인간 움직임, 특정 운동 종목 등을 주제로 한 창작 작품의 소장 및 전시를 기획하는 것이 다른 미술관과 차별성을 두는 전략이 될 것이다. 하지만 일 년 내내 올림픽 정신과 같은 작품을 전시하기보다는, 특별 전시 또는 정기 기획을 통해 스포츠 또는 올림픽을 주제로 한 내용을 전시하는 것이 필요하다. 일반 미술관의 기능을 가지면서 올림픽과 스포츠에 관련된 기획 전시를 하는 것이 다른 미술관들과 차별되는 서울올림픽미술관만이 가진 특화가 될 것이다. 그래서 서울올림픽경기장을 찾는 관광객 또는 관람객이 찾을 수 있는 미술관으로 자리 잡을 수 있을 것이다.

셋째, 스포츠와 미술이 아닌, 스포츠계와 미술계의 접목이라는 관점이다. 발표자에 의하면, "스포츠계의 입장을 크게 고려하지 않는 측면에서 올림픽미술관은 미술관 일반의 보편적인 이념을 추구할 수 있다. 이는 특화와 관련하여 또 다른 논의를 요구하지만, 최소한 존립의 정당성을 뒷받침하기에 부족하지 않다." 이 말은 서울올림픽미술관이란 명칭이 가지고 있는 구속에서 벗어나자는 의미가 짙다. 이름과 내용이 다른 것도 좋지만 일반적으로 이름과 내용이 일치하는 것이 명칭으로 인한 오해 내지는 혼란을 막을 수 있을 것이다. 서울올림픽미술관이란 명칭으로 인하여 미술관 자체의 운영에 영향을 행사하는 것에 대하여 반대하지만, 적어도 서울올림픽미술관이라는 명칭에 부합하는 전시와 소장이 따라 주는 것이 필요하다. 물론 미술관의 기능과 역할을 하면서 특별히 올림픽이나 스포츠에 관련된 전시와 창작, 그리고 교육을 강화하는 것이 이름값을 하는 것이 아닌가 생각한다.

또한 일반 미술관과의 차별성을 찾지 못하다면 또 하나의 미술관이 개관하는 이유 이상을 찾을 수 없다. 자율성을 갖는 것도 중요하지만 다른 미술관과 차별성을 두기 위해서 스포츠와 올림픽과 관련된 기획 의지를 가질 필요가 있다. 특히 서울올림픽미술관의 주체는 국민체육진흥공단이다. 그렇다고 체육계의 예술계 지원은 남아도는 재원의 투자가 아니다. 서울올림픽미술관은 공단의 수입 사업을 통한 이익을 사회에 환원하는 것이다. 하지만 발표자가 말하는 서울올림픽미술관의 자율성을 갖게 하는 것은 공감할 수 있지만 과연 누구를 위한 미술관이냐는 것이다.

서울올림픽미술관은 서울 시민을 위한 미술관의 성격이 짙다. 하지만 미술관이라는 특성이 서민들이 찾기에는 현실적으로 쉽지 않다. 그렇기 때문에 형식적으로 시민의 미술 관람 욕구를 충족시킨다는 뜻도 중요하지만 학생들을 위한 미술관 교육 또는 미술 교육을 위한 배려가 더 필요하다. 학생 시절부터 미술관 관람이 습관화될 수 있다면 성인이 되어도 미술관 관람은 문제가 되지 않는다. 습관화되어 있지 않기 때문에 미술관을 관람하는 것이 어색할 뿐이다. 여가 행위로서 미술관 관람을 지속적으로 할 수 있도록 교육 차원의 투자와 노력이 필요하다. 이와 더불어 기록과 기능 중심의 스포츠에 몰두하고 있는 학생 운동선수와 전문 운동선수가 잠시나마 그들의 정서 순화와 메말라 가는 감성을 회복할 수 있도록 하기 위하여 미술관 관람을 할 수 있는 기회가 제공되어야 할 것이다. 이 같은 일이 미술계뿐만 아니라 체육계에 부족한 부분을 채워 줄 수 있는 상생의 길이다.

이상과 같이 “스포츠와 미술의 접목을 통한 서울올림픽미술관의 존립 및 특화”에 관하여 알아보았다. 발표자의 세 가지 관점에 대한 의문 내지는 다른 의견을 제시해 보았다. 발표자가 결론을 대신한 덧붙임 글에서 밝힌 것처럼 서울올림픽미술관이 누구를 위한 미술관이 되어야 하는가 하는 의문이 발표문을 읽는 내내 지워지지 않았다. 서민들에게서 벌어들인 수입을 가지고 상류층을 위한 문화 공간으로 운영된다는 것도 모순이며, 체육계에서 필요한 재원을 미술계에 돌리는 것도 이해하기 어려운 부분이다.

하지만 발표자의 말처럼 그동안 체육계가 다른 분야에서 지원을 많이 받았기 때문에 미술계를 지원하는 것도 보기 좋은 모습이다. 이번 개관을 통하여, 스포츠계와 미술계의 소통을 통하여 국민들의 문화생활과 삶의 질을 향상시키는 역할을 할 뿐만 아니라 문화부에 소속된 두 분야가 서로 공존과 더불어 상생하는 길을 갈 수 있다는 희망을 발견한다. 따라서 서울올림픽미술관은 다른 미술관보다는 많은 사람들이 찾는 미술관, 학생들의 미술관 교육과 미술 교육을 위해 노력하는 미술관, 스포츠를 주제로 한 창작 작품들을 많이 관람할 수 있는 미술관이 되기를 바란다. 그런 뜻에서 금번 개관하는 서울올림픽미술관의 무궁한 발전을 기원한다.

36 테크놀로지와 스포츠[6)]

기술문명 시대에 대한 진지함의 결여나 생각 없는 스포츠는 단순한 감각적 오락에 빠지기 쉽다. 생각 없는 선수는 운동기계에 비유될 수 있다. 기술문명에 의하여 스포츠가 너무 빠름을 지향하고, 그 결과 스포츠의 의미와 보람은 사라지고 있다. 이러한 차원에서 테크놀로지를 이용하는 무용과 스포츠에는 철학적 반성이 필요하다. 특히 〈테크놀로지와 스포츠의 사유〉의 발표문은 체육학을 전공하는 우리에게 많은 공감과 사유의 문제를 제공하고 있다.

이 발표문의 문제의식은 세 가지로 구분된다. 첫째, 테크놀로지는 과연 무엇인가? 어떻게 조망할 것인가? 이에 대하여 발표자들은 과학기술이라고 규정하고 있지만(p.2), 정보,

6) 이 글은 2005년 2월 24일 한국체육철학회 동계학술대회(숙명여대)에서 발표한 김영갑과 구강본의 〈테크놀로지와 스포츠의 사유〉에 대한 논평이다.

정보기술, 과학기술, 기술 등으로 그 의미가 혼재되어 사용하고 있기 때문에, 전체 글에서 명확한 의미 전달을 못하고 있다. 그렇기 때문에 테크놀로지라는 영어식 표현을 그대로 사용하고 있다. 일관된 용어 정의 차원에서 테크놀로지에 대한 정의가 내려져야 한다.

둘째, 테크놀로지와 스포츠의 관계는 무엇인가? 테크놀로지와 스포츠의 관계는 비관론과 낙관론에 대하여 세 가지 의견을 모두 제시하고 있지만 발표자들의 생각은 비관론에 무게를 두고 있다. 비관론에서 보면, 기술문명에 의하여 스포츠는 도구로 전락하여 유용성과 안정성을 확보했지만 놀이성은 상실되었다고 볼 수 있다. 하지만 스포츠를 하는 인간이 기술에 의하여 소외되고 비인간화되고 있는 주된 이유는 스포츠에서 사유가 제거되었기 때문이 아닐까 생각해 본다. 기술문명 시대의 사유 없는 스포츠는 고향 상실이라고 할 수 있는 존재 망각에 빠지고 존재 의미를 망각하게 된다. 그렇기 때문에 우리는 두려운 안락함을 경험하게 되는 것이다.

셋째, 테크놀로지가 주도하는 미래 사회에서 스포츠의 모습은 어떠한가? 이에 대하여 발표자들은 e-스포츠에 대하여 문제 제기를 하며 수동적 입장에서 능동적 입장으로 나가자고 한다. 이러한 생각은 공감을 가지게 한다. 이미 탈육체성의 스포츠들이 기술문명의 시대에 넘쳐 나고 있기 때문에 이를 외면할 수 없는 입장이다. 하지만 체육학 내의 입장은 육체가 개입되지 않기 때문에 체육이나 스포츠라고는 볼 수 없다고 분명히 하고 있다. 하지만 기술문명의 시대를 항해하고 있는 우리에게 그것 자체를 부정할 수 있는 입장이 아니라는 것이다. 열린 사고를 통해서 탈육체성의 스포츠에 대한 관심과 수용, 그리고 상생의 길을 찾는 것이 현실적 요구에 부합하는 일이다.

발표자들은 결론에서 소통과 대화의 철학을 제시하고 있다. 여기서 소통과 대화는 글 전체의 맥락에서 의미를 유추하면 전 인류의 소통과 대화를 의미한다. 그러나 논평자의 입장에서 보면, 소통과 대화가 필요한 것은 체육학 내의 자연과학 연구자들과 인문사회과학 연구자들의 소통이라고 할 수 있다. 서로 간의 독선과 아집, 그리고 몰이해는 불신의 벽을 높여 가고 자신의 영역에 대한 중요성과 권위만을 강조한다. 서로의 목소리에 대한 귀 기울임과 상호 존중과 이해가 필요함에도 불구하고 귀를 닫는 데서 소통 부재의 문제가 발생한다.

뿐만 아니라 기술문명이 지배하는 스포츠 역시 기술문명과 소통하고 화해하고 그리고 상생의 길을 찾는 데서 우리들의 미래는 장밋빛 청사진을 그려볼 수 있지 않을까 생각해 본다. 기술문명이 스포츠를 지배하고 도구화하고 비인간화시키고 있다고 해서 기술문명을 부인하고 파괴할 수는 없다. 왜냐하면 이미 우리는 기술문명의 바다를 항해하고 있기 때문이다. 그러므로 기술문명을 즐기고 사랑할 수밖에 없다. 당장 우리에게 요구되는 것은 기술문명과 소통하고 화해와 상생의 길을 모색하는 일이다.

37 심사에 대한 심사(성찰)

학회지를 출판하는 과정에서 심사는 빠질 수 없는 과정의 일부분이다. 어떻게 보면 질 높은 학회지를 만들기 위한 과정일 뿐만 아니라 출판 과정에서 거쳐야 할 단계다. 심사라는 과정 없이는 어떠한 학회지도 일정하게 높은 질을 유지할 수 없다. 심사는 게재와 게재 불가를 위한 판정의 단계라기보다는 투고자가 볼 수 없는 논문의 문제점을 심사자가 지적하고 수정하여 좀더 완성된 논문을 함께 만들어 가는 일이다. 궁극적으로 투고자와 심사자의 공동 작업은 자신이 속한 학회의 수준과 학회지의 질을 높게 유지시킨다. 심사자는 어떻게 보면 연구자와 공동의 연구자라고도 할 수 있다. 연구자가 보지 못한 사항을 심사자가 확인할 수 있기 때문이다. 아무리 뛰어난 연구자라도 자신의 눈으로 볼 수 없는 한계를 가질 수밖에 없다. 그렇기 때문에 논문 심사는 필요하다. 심사는 형식이 아니라 검증이기 때문에 논문 심사를 할 때에는 반드시 고려해야 할 사항들이 있다.

첫째, 심사는 권력 행사가 아니다. 심사자의 선정에서 우선시될 것은 비밀을 보장할 수 있는지이며 객관적으로 심사를 할 수 있느냐이다. 또한 자신의 생각과 이견을 가졌다고 한번에 게재 불가를 시키지 않는 사람이 심사자로서 자격이 있다. 심사자는 판사의 권력과 같은 힘을 행사해서는 안 된다. 그 외에도 심사 내용도 편집실 이외로 빠져나가서는 안 된다. 우리가 경계해야 할 일은 자신의 실력을 과시하는 차원에서 심사를 하는 것이다. 자신의 능력으로 심사가 곤란할 경우에는 심사를 하지 않는 것이 필요한데, 자신의 능력을 과도하게 인정하고 심사를 하는 데서 문제가 생겨난다. 자신의 권위를 드러내는 심사는 학회지 수준을 유지하거나 높이는 데 별 도움이 안 되고 역행하는 일이다.

둘째, 동업자 정신이 부족하다. 아무리 완전한 논문을 작성했어도 연구자 자신이 볼 수 없는 문제점이 있을 수 있다. 제3자의 입장에서 수정과 문제점을 알려줄 수 있다면 보다 질 높은 논문이 만들어질 수 있다. 이는 심사위원이 동업자 정신을 살려서 학회지의 수준을 유지하는 일이다. 자신의 논문을 고치는 마음으로 심사 논문을 심사한다면 그만큼 학회지의 질은 높아진다. 오탈자 하나라도 정성을 다해서 수정하는 것이 우리에게 필요하다. 성의 있는 논문 심사가 바로 학회지의 등급을 결정하는 요건이 된다. 성의 없이 대충하는 심사는 학회지의 질을 떨어뜨리며 연구자에게 상실감을 줄 수 있다.

셋째, 게재 불가율을 높이는 것이 최선은 아니다. 학회지의 게재 불가율을 일정하게 유지하기 위하여 게재 불가를 인위적으로 하는 경우가 종종 있다. 그러다 보니 어떤 논문은 별 문제가 없어도 게재 불가를 하는 일이 생긴다. 그야말로 게재 불가를 위한 불가다. 논문 요건의 부족이나 도저히 수정해도 게재하기 어려운 경우를 빼고서는 수정을 통하여 다음 논문집으로 게재를 연기하여 보다 완전한 논문으로 만들어질 수가 있다. 하지만 이를 무시하고 게재 불가를 판정하는 것은 심사자의 실력을 과시하는 것에 지나지 않는다. 투고자에게 논리적인 게재 불가 사유를 명시함으로써 투고자가 이를 받아들일 수 있도록 하는 것이 필요하다. 그런데 문제는 명확한 이유 없이 게재 불가를 시키는 일이다. 특히 사적 감정이 개입된 논문 심사는 심사 결과를 보는 사람에게도 확연히 드러난다. 근거 없는 개제 불가는 연구자의 의욕 상실을 가져올 뿐만 아니라 감정을 상하게 한다. 그렇기 때문에 단지 개인의 감정을 억제하고 학자적 양심이라는 객관성을 유지하는 일이 필요하다.

넷째, 심사 내용은 함구해야 한다. 알아서 좋을 것이 없다. 인간관계가 논문 평가에 개입되지 말아야 논문의 질을 높일 수 있다. 누구의 논문이라고 해서 관대해서는 안 되고, 대학원생의 논문이라고 해서 함부로 평가하는 태도도 사라져야 한다. 자신이 심사하는 내용이 아주 친밀한 사람의 논문이라면 심사를 포기하는 것이 학자의 양심을 살리는 일이다. 심사 논문의 저자를 알고 심사하는 것은 객관성을 유지하기가 좀처럼 어렵다. 그만큼 다른 심사자에게 심사를 넘기는 것이 자신의 양심을 지키는 일이다. 그렇지 않다면 대인관계에 의한 도와주기식 심사가 될 공산이 높다. 이러한 경우가 쌓이다 보면 학회지의 내용은 부실해지고 학회지의 등급 또한 하락할 뿐이다. 이를 경계해야 한다.

지금까지 학회지의 심사가 곧 학회지의 질과 관계가 있다는 것을 알아보았다. 학회지의 질은 심사에 의해 게재된 논문을 확인하면 바로 드러난다. 철저한 학회지 심사와 심사의 공정성을 유지하는 것이 등급을 유지하는 하나의 방법이다. 학회지 심사위원의 엄정한 선정을 통해서 동업자 정신으로 보다 질 높은 심사를 위한 노력이 그래서 필요하다. 그런 가운데 학회지의 질은 자연적으로 유지되고 발전할 수 있다. 심사자와 투고자의 입장은 언제든지 바뀔 수 있기 때문에 심사자는 자신의 역량을 모두 발휘하여 좀더 완성된 논문이 되도록 도움을 주는 것이 필요하다. 학회지의 게재 불가율이 높다는 한 가지 사실만으로 질 높은 학회지라고 생각하는 것은 금물이다. 수정과 보안을 통해서 학회지는 만들어지기 때문에 학회지를 심사하는 과정에서 꼭 위에서 제시한 사항을 확인하고 넘어가야 한다. 특히 액수가 큰 연구비에 관련된 심사를 할 경우, 공정한 심사를 하는 것이 심사자의 양심을 지키는 일이며 학문의 발전에 기여하는 것이다. 개인적인 친분이나 외부의 압력에 의하여 심사를 한다는 것은 학자의 양심과 자격을 상실하게 하는 일이다.

38 우리 체육은 있는가?

과연 한국 체육(학)의 개념은 무엇인가? 이미 한국 체육이 존재하고 있었는데 우리가 다만 발견하지 못했을 뿐이다. 그것은 수입된 체육(physical education)에 한정된 것이 아니라, 외래어로서 우리말로 변화된 체육(cheyouk)을 의미한다. 이 말은 미국식 체육의 창조적 전이를 통한 우리식 체육을 의미한다. 이제까지 외국에서 수입된 체육이 줄곧 우리의 신체 문화를 지배했다. 식민지 시대의 체조 교육, 미 군정기의 신체육, 스포츠 등으로 대변되는 외국의 신체 문화에 맞추어 우리를 가두어 놓은 형상이 되었다. 이들 신체 문화는 외국인에게 맞게 형성된 신체 문화를 우리 몸에 맞게 맞추는 것을 거듭해 왔다고 볼 수 있다.

체조, 체육, 스포츠 등 우리 신체 문화의 발견과 계승 차원에서 무예에 관심을 갖는 것이 현재로서는 필요하다. 과도한 경쟁과 결과, 승리 지향의 서구 체육 문화의 한계에 대하여 맹목적으로 추종할 것이 아니라 우리 몸에 적합한 무예로서의 신체 활동을 회복하는 것이 우리라는 정체성을 찾으면서 함께 즐기는 문화를 열어가는 길일 것이다. 이제 체육은 교육으로서 체육 개념을 탈피하여 다양한 의미로 열린 체육 개념으로 규정해야 한다. 그 이유는 이미 우리 사회는 다문화, 다인종, 다가치가 공존하고 있기 때문이다. 우리 사회에서 지난 과거 동안 지속해 왔던 체육의 형태로 다양하게 공존하게 될 것으로 보인다. 이런 차원에서 각 시대를 대표했던 체육의 모습을 우리 사회에 적합하게 다음과 같이 나누어서 알아보자.

첫째, 보건체육과 건강한 삶이다. 보건체육이라는 규정은 초기에 체육을 수입할 당시의 당면 목표에서 연유해서 규정해 본 것이다. 체육이 도입된 초기의 체육 형태는 완전히 사라진 것이 아니라 아직도 현재 진행형이라고 할 수 있다. 명칭만 변경되었을 뿐 실제 내용은 지금도 남아 있다. 운동 처방과 건강 스포츠의 확산에서 찾을 수 있다. 한국 사회에서 유행처럼 확산된 단어가 바로 웰빙이다. 웰빙 붐은 사회 변화에 따른 자연적인 현상으로 보인다. 경제적 여유가 낳은 풍요의 산물이라고 할 수 있다. 이제 체육도 위생과 보건이라는 측면에서 개인의 건강을 위한 차원에서 인식할 필요가 있다. 초기의 체육 개념이라고 할 수 있지만 그래도 체육에서 우리가 기대할 수 있는 것은 건강이다. 건강한 몸과 마음을 위한 위생과 보건으로서의 체육이 여전히 요구된다.

둘째, 체육교육과 창의적 삶이다. 학교에서 행하는 체육은 교육적 차원에서의 개념이라고 할 수 있다. 식민지 체육의 억압과 규제의 차원에서 벗어나 독립된 개체로서 민주 시민을 양성한다는 목적을 실현하기 위하여 개성의 존중과 자율성을 보장하는 체육교육이 필요하다. 억압과 강제만을 행사하는 구시대적 체육교육은 이제 사라져야 할 악습이다. 식민지 체육의 청산을 통하여 시대에 부합하는 체육으로 거듭나야 한다. 사회가 빠르게 변화하는 것에 맞추어서 학교체육도 체육 그 자체를 관리와 지배라는 교육의 굴레에 감금하기보다는 체육을 통하여 자아를 실현하고 자신을 절제할 수 있는 인성 함양의 기회를 만들어 줘야 한다. 이러한 학교체육의 과정을 통해서 우리 사회에서 요구하는 창의적 삶과 연계할 수 있을 것이다.

셋째, 사회체육과 공동체 삶이다. 사회체육은 학교체육과 연계해서 개인의 건강과 활발한 삶을 위한 체육 개념을 말한다. 체육은 학교체육으로 끝나는 것이 아니라 사회에서도 연계하여 지속성을 갖출 때 체육의 역할을 다하게 된다. 생존에 필요한 시간을 제외하고는 자신을 위해 투자할 시간을 유용하게 활용할 수 있는 방법 가운데 하나가 사회체육을 즐기는 것이다. 이미 한국 사회는 사회체육에 대한 수요의 증가에 따라서 다양한 동호회가 활성화되어 있다. 이 때문에 개인의 의지에 따라서 지속적으로 사회체육에 참여할 수 있는 기회를 가질 수 있게 되었다. 사회체육을 통한 이웃과의 만남과 친선을 도모하는 과정에서 작은 공동체를 형성하고 이를 계기로 지역 공동체 중심의 삶으로 연결할 수 있을 것이다.

넷째, 평생체육과 행복한 삶이다. 건강한 삶, 행복한 삶을 위한 첫 번째 일은 지속적인 신체 활동을 유지하게 함으로써 건강을 유지하는 것이다. 누구나 시간과 경제적 비용 때문에 신체 활동에 제약을 받아서는 안 된다. 접근이 용이하게 스포츠 시설을 증설하고 수요에 맞게 운용하는 것이 필요하다. 뿐만 아니라 예방 의학 차원에서 사람들이 누구나 신체 활동에 적극적으로 참가할 수 있도록 기회를 많이 만드는 것 역시 필요하다. 이런 과정을 통해서 스포츠 공동체 형성과 더불어 평생체육을 통하여 건강하고 행복한 생애를 형성할 수 있다. 지역 공동체 문화의 참여뿐 아니라 친구를 만나고 함께 즐기는 신체 문화를 유지, 발전시킬 수 있다. 이러한 과정을 통해서 평생 신체 활동의 즐거움을 향유할 수 있는 행복한 삶을 구현할 수 있을 것이다.

39 엉터리 학위 논문

엉터리 학위 논문이 양산되는 구조를 세 가지 차원에서 알아보자. 첫째, 학력 사회의 문제다. 대학원 체육학과는 지원자가 넘쳐 난다. 대조적으로 다른 인문 계열 대학원은 지원자가 점차적으로 줄어들고 있다. 왜냐하면 취업이 되지 않기 때문이다. 그렇다고 체육 계열 대학원이 취업을 보장하는 것도 아니다. 특히나 고학력이 필요 없는 운동선수들도 석사와 박사가 많다. 독일 분데스리가 축구 선수들의 학력은 초등학교가 전부다. 그들은 학력이 그들이 하는 일과 관련이 없기 때문에 힘들여 학위를 하려고 하지 않는다. 학위를 하기 위해서는 일반 학생들과 동일한 과정을 거쳐야 한다. 운동선수라고 특혜를 주지 않는다. 이 때문에 선수들은 힘들게 학위를 하려고 하지 않는다. 그들은 학위와 관계없이 사회적 대우를 받으며 잘 살아가고 있다. 하지만 한국의 현실은 무슨 일을 해도 학력이 요구된다. 대학 시절 수업에 잘 참석하지 않았던 선수들이 대학원에 입학하여 석사와 박사 학위를 받는다.

둘째, 학위 과정의 문제다. 대학원 학위 과정이 투명성과 객관성, 그리고 엄정성을 가져야 한다. 학위 과정이 어렵고 힘들어야 능력 있는 학생을 양성할 수 있다. 하지만 현실은 쉽게 학위를 할 수 있는 구조다. 결과적으로 허술한 학위 과정이 연구 부정과 부적절한 연구 행위와 관련성이 있다. 연구 부정에 의한 학위 논문이란 짜깁기, 표절, 대필을 통해서 만들어진 논문을 말한다. 대학원 수업이 편하게 이뤄지기 때문에 이 같은 일들이 일어난다. 시험도 없고 대학보다 낮은 수업 부담 때문에 쉽게 과정을 이수한다. 주위의 다른 학과의 박사 과정 학생들을 보면 밤을 지새우며 발표 준비를 한다. 자신의 모든 역량을 동원해 수업 준비를 한다. 현실은 어떻게 해서라도 쉽게 학위 과정을 마치려고 한다. 너무 편하고 쉽게 학위 과정을 넘어가려고 한다. 때문에 학위 논문을 작성하는 데 어려움을 만나게 된다. 그것을 회피하는 과정에서 엉터리 학위 논문이 만들어진다.

셋째, 고비용의 문제다. 대학원 수업에 들어가면 대학을 갓 졸업하고 학구열에 불타는 열정을 가진 학생을 만나기 어렵다. 즉 전업 학생을 볼 수 없다. 대개 어느 정도의 나이와 직장을 가진, 학업과 생업을 병행하는 사람들이 대부분이다. 물론 그들도 학문에 대한 열정이 있음은 부인하지 못한다. 그들의 입학 동기는 거의 공부보다는 학위 취득에 있다. 그 학위가 필요한 이유는 우리 사회가 학력 사회이기 때문이다. 학위를 통하여 사회적 지위와 경제적 이익을 얻기 위함이다. 문제는 전업 학생이 대학원에 들어와야 하는데 이들은 생존 때문에 또는 높은 수업료 때문에 대학원 진학을 포기한다. 이 때문에 생업과 공부를 병행하는 학생들이 대학원생의 주류가 된다. 장학금 수혜자를 늘려서 전업으로 공부할 수 있게 해야 한다. 이제는 공부에만 전념할 수 있는 대학원생이 필요하다.

이상과 같은 경로를 통하여 대량의 박사들이 배출되는 것은 학문적 발전을 보장하는 것이라고 믿고 싶지만 사실은 정반대일 수 있다. 부실한 학위 논문과 기계적인 학위 양산이 나타날 수 있다. 뿐만 아니라 대필이나 표절 등 부적절한 방법 등을 통해서 학위를 받는 경우가 발생할 수 있다. 이 문제는 비슷한 학위 논문들을 양산하게 된다. 이러한 맥락에서 보면 박사 학위 논문 수의 증가는 발전보다는 정체 내지는 후퇴의 가능성이 높음을 시사한다. 연구하지 못하는 박사들이 배출되는 것은 학계에 도움이 안 된다. 연구자가 아니라 연구자에게 기생하는 사람만 양산하게 되기 때문이다.

40 영화, 미래 스포츠를 말하다

미래를 확정적으로 말할 수 없다. 내일이 바로 미래이기 때문에 가까운 내일에서부터 먼 2030년의 미래까지 미래 개념은 넓다. 미래 스포츠는 미래 사회에서 나타날 수 있고 사람들이 행할 수 있는 스포츠를 지칭한다. 과연 어떤 모습을 한 스포츠가 미래에 나타날 수 있는가? 상상력을 동원하여 그려낼 수 있다. 하지만 우리의 상상력은 곧 한계를 만나고 만다. 그렇기 때문에 무한한 상상력을 주는 영화라는 장르가 필요하다. 영화는 인간의 무한한 상상력의 세계로 인도한다. 그 세계는 영상 언어로 표현하는 특성이 있다. 그 상상력의 날개는 스포츠 영화 속에서도 유감없이 발휘된다. 영화에 등장하는 스포츠를 통해 미래 스포츠의 과제를 간접적으로나마 알 수 있다. 미래 스포츠를 상상해 보자.

첫째, 예술지향 스포츠다. 지나치게 승패와 기록만을 추구하는 스포츠에서 이제는 벗어나야 한다. 승리의 기쁨은 한순간에 불과하다. 하지만 심미 체험은 한평생 잊지 않고 오랫동안 간직된다는 장점이 있다. 신기록이라는 맹목적인 기록 추구와 승리만을 위해 기계처럼 운동하는 것에서 벗어나서, 참나를 찾는 스포츠를 생각해 봐야 한다. 미래 사회에서의 사람들이 지향하는 가치는 의미와 보람, 그리고 성취가 된다. 이러한 가치를 보여 주는 것 중의 하나가 예술지향 스포츠다. 지금보다 더 아름다움을 추구하는 스포츠가 많아진다면 비도덕적 문제는 자연스럽게 사라진다. 현대 스포츠는 승리와 결과지상주의가 짙게 깔려 있는 모습에서 조금도 벗어나지 못하고 있다. 아름다운 스포츠는 지속적 성장을 보장받을 수 있다. 그렇기 때문에 숫자와 결과에 집중하기보다는 의미와 보람을 포함하는 아름다운 스포츠를 지향해야 한다.

둘째, 체험지향 스포츠다. 체험지향 스포츠는 관람 스포츠에서 벗어나 직접 체험하면서 스포츠의 의미와 보람을 성취할 수 있는 스포츠를 말한다. 기록에 대한 강박 관념에서 벗어나, 체험지향 스포츠에서 스포츠 문화의 의미를 확장할 수 있다. 미디어 스포츠로 대변되는 관람 스포츠에서 벗어날 수 있는 것은 체험 스포츠라고 할 수 있다. 몸으로 직접 느끼고 경험하는 것이 필요하다. 직접 해 보고, 땀의 의미를 찾을 수 있는 스포츠, 그것은 체험하는 자만이 맛볼 수 있다. 일명 스포츠의 참맛이라고 하는 것은 직접 행함으로써 알게 되는 체험지향의 극치를 말한다. 백 번을 구경하는 것보다 한 번 참여해 보는 것이 스포츠의 참맛을 잘 알 수 있는 방법이다. 예전보다는 많은 사람들이 참여 스포츠를 하고 있지만 조금 더 체험의 의미와 성취를 할 수 있는 체험지향 스포츠를 하는 사람들이 늘어나야 할 것이다.

셋째, 평등지향 스포츠다. 차별하는 스포츠가 학교체육, 운동경기 등에서 나타나고 있다. 우리 학교체육에서도 이분적인 시각에서 남자 따로 여자 따로 구분하여 수업이 이뤄지고 있다. 지금은 통합 체육교육을 위해 노력하지만 아직도 학교체육에는 성차별 부분이 남아 있다. 심지어 성차별이 없을 것 같은 미국도 남녀 차별을 사라지게 하기 위해서 학교체육에서 차별 금지법 타이틀 IX을 운영 중에 있다.

영화 속의 차별은 〈슈팅 라이크 베컴〉에서 발견된다. 이 영화의 주인공인 인도계 소녀의 경우처럼, 여성으로서 축구선수가 되려는 욕망과 인도계 영국인들의 가부장적인 권력 사이에 충돌이 일어난다. 아직도 차별하는, 차별받는 스포츠가 존재하고 있다. 아랍계 여성들은 축구 경기를 구경조차 할 수 없도록 법으로 정해 놓았다. 양성평등 스포츠의 시작은 서로를 구분 짓기보다는 서로의 차이를 인정하는 것에서부터 시작된다.

'이것은 남성 스포츠이고 저것은 여성 스포츠이다.'가 아니라 개인의 취향에 맞는 스포츠를 하면 된다. 남녀 구분은 권력 남용 때문에 생겨난 것이다. 남성 중심의 스포츠는 여성에 대한 차별을 가지고 있다. 단지 여자라는 이유로 피해를 보지 않아야 한다. 남성과 여성이라는 이분법적 시선에서 벗어나, 차이를 인정하고 배려와 존중을 하는 양성평등의 스포츠가 사회로 전이되어야 우리 사회의 성차별을 사라지게 하는 역할을 할 수 있을 것이다.

넷째, 생태지향 스포츠다. 환경을 배려하는 스포츠라고 할 수 있다. 비생산성이라는 특성을 가진 스포츠가 생태계를 파괴하고 있다. 생태는 우리가 후손에게 물려주어야 하는 재산이다. 그럼에도 불구하고 생태계의 보금자리를 인간의 유희를 위하여 개발하고 있다. 특히 스포츠는 비생산적인 것이라는 인식이 지배적이고, 단지 스포츠를 위해서 자연을 파괴하는 일은 금지되어야 한다. 그렇기 때문에 골프장이나 스키장 조성 등과 관계된 환경 파괴의 문제를 슬기롭게 해결해야 한다. 해결하기 위한 단서는 친환경적 스포츠에서 찾을 수 있다.

생태계를 파괴하는 것이 아니라 우리 모두가 공존할 수 있고 지구를 보존할 수 있는 스포츠여야 한다. 자꾸 경기장만을 짓는 것이 만사가 아니다. 기존의 경기장을 잘 활용하는 지혜가 필요하다. 최소한의 환경 파괴와 환경 평가서, 땅의 역사에 대한 엄격한 검토를 통해서 경기장이 건설된다면 환경 피해는 최소화될 수 있다. 개발만이 능사가 아니다. 보전이 더욱 필요하다. 환경은 한번 파괴되면 재건하는 데 너무나 오랜 시간이 걸린다.

3부
스포츠로 생각하다

41 창안된 태권도

태권도의 역사 논쟁이 해결될 기미를 보이지 않는다. 논쟁을 잠재울 수 있는 천재의 등장이 없기 때문인지, 아니면 관심 부족인지 알 수 없지만, 앞으로도 지속될 것 같다. 태권도는 해방 이후에 급조된 무예인가, 아니면 삼국 시대부터 비롯된 유구한 역사를 가진 무예인가? 그것도 아니면 태권도는 유구한 역사와 근대 무술 체계가 결합되었는가? 앞의 주장들이 논쟁의 핵심 내용이다. 어떤 주장이 가장 합당한 주장인가를 보여 주어야 한다. 주장만으로 설득력을 얻기 어렵다. 실증적 자료와 논리적 근거를 통하여 주장을 펼쳐야 한다. 전통 맨손 타격 무술은 역사와 함께 존재했다. 이 사실은 누구나 인정하는 보편적 진리이며, 누구도 부인할 수 없는 사실이다. 생존 기법으로서 무술은 생존하기 위하여 인류에게 필요한 신체 기법이었다.

태권도 기원설에 대한 세 가지 주장을 검토해서 결정을 내린다면, 창안된 태권도로 보는 것이 내 생각이다. 《태권도 철학의 구성 원리》라는 책에서 주장하는 오키나와 기원설은 실증적 자료에 의존하여 주장하고 있기 때문에 설득력을 얻는다. 오키나와의 가라테가 수입되어 우리식 무술로 창조적 전이를 하여, 창안된 태권도가 된 것이다. 만들어진 것은 시대 상황과 분위기를 통하여 새롭게 거듭된 것이기 때문에 생존력이 강하게 된다. 지금의 태권도는 일본의 가라테와 우리의 택견과는 차이가 있는 새로운 무예가 된 것이다. 경기태권도는 발차기 위주로 새롭게 만들어진, 그전에 존재하지 않았던 무예로, 거듭나기를 통해서 형성된 것이다.

창안된 태권도가 지속적 성장을 하기 위해서는 당면한 과제가 몇 가지 있다. 첫째, 올림픽에서 퇴출당할 수 있다는 것이다. 올림픽에서 재미없는 경기는 퇴출을 하는 방안이 채택되어 이루어지고 있다. 태권도 역시 예외 종목이 아니다. 가장 큰 위기에 맞닥뜨린 종목 중의 하나가 태권도다. 이미 야구가 퇴출당한 것을 우리는 보았다. 태권도 역시 각국의 태권도인들에게 인정받을 수 있도록 개혁이 요구된다. 경기 방식의 변화와 재미있고 볼거리를 제공할 수 있는 방안에 대한 창조적 변용 그리고 태권도에 관련 없는 사람이 봐도 재미를 느낄 수 있도록 기술 체계와 경기 방법의 개혁이 필요하다.

둘째, 오심 논쟁이다. 오심 논쟁이 없는 경기는 없다고 하지만 태권도의 오심에 대한 의혹은 다른 경기에 비해 상대적으로 많다. 그것은 의혹을 가질 수 있는 득점 방법을 채택하고 있기 때문이다. 태권도의 채점 방법은 주심과 부심의 채점에 의해서 결정된다. 그렇기 때문에 오심과 편파 판정에 대한 이의 제기가 항상 제기된다. 합리화된 채택 방법을 위해서 전자호구를 도입하여 객관적으로 판정을 내릴 수 있도록 해야 한다. 지금 전자호구가 등장하여 실험적으로 사용되고 있지만 전자호구 때문에 득점 방법이 변화해서는 안 된다. 기존의 경기력을 유지하면서 그것이 곧 채점에 적용될 수 있도록 해야 한다.

셋째, 태권도협회 내부의 갈등의 골을 청산해야 한다. 어떤 조직도 내부 갈등은 존재한다. 하지만 태권도는 많은 점에서 의혹을 받고 있을 뿐만 아니라 협회의 불투명한 행정은 비판을 받고 있다. 태권도협회는 이익 단체로 권력에 대한 투쟁이 아니라 태권도계를 발전시키기 위해서 합리적이고 투명한 행정을 보여야 한다. 태권도 가족 모두가 이해하고 납득할 수 있는 행정이어야 한다. 비호 세력과 권력을 잡을 쪽에서, 누구에게나 투명하고 합리적인 행정을 펼친다면 이의가 없을 것이다. 모든 문제가 회장과 그 비호 세력 중심으로 결정되기 때문에 여기에 불만을 가진 세력이 존재하게 되는 것이다. 태권도 가족의 화합이 무엇보다도 필요하다.

태권도 역사 날조는 논리성과 실증적 자료 부족에서 자명하게 드러나고 있다. 이와 같은 역사 왜곡에서 벗어나 해방 이후에 급조된 무도로서 창안된 태권도라는 것을 밝히고, 새로운 역사를 쓰고, 타 무도와 차이점을 가지는 최고의 무도가 되기 위해 노력이 필요할 때다. 인정할 것은 인정하고 수용할 것을 수용하여 거듭나기를 계속하여 강력한 무도 체계를 가지고 경기태권도의 우수성을 보여 주어야 한다. 전통만을 내세워 태권도의 우수성을 과시하기보다는 열려 있는 무술로서 태권도가 계속 진화하는 모습을 보여야 한다. 그래야 태권도가 세계로부터 인정받는 무도로서 자리 잡을 수 있다.

42 이단적 사고가 필요하다

우리 사회에서는, 특히나 조직 사회에서는 이단적 사고에 대해 긍정적으로 보지 않는다. 주류에 대해 편견을 보이면 소외당하거나 격리된다. 한 가지 생각에 대하여 비판이나 다른 생각을 제시할 수 없는 조건이 지배적이다. 원활하게 조직이 움직이기 위해서는 다양한 생각을 수용할 수 있어야 한다. 다양성을 차단하고 획일화를 지속하는 것은 발전의 가능성을 엿볼 수가 없다.

다른 생각을 인정하지 않는 사회 분위기가 더 문제다. 기득권을 유지하려고 하기 때문에 다른 생각을 수용하지 않는다. 학회 권력은 자신들의 이득만 강화하려고 하고 손해 보려고 하지 않는다. 그렇기 때문에 갈등과 분쟁만이 남게 된다. 모두가 합심해서 잘하려는 공생의 논리가 필요한데 현실은 자신들의 기득권만을 지키기 위해서 노력한다.

특히나 이단적 사고는 체육학에서 필요하다. 모두가 체육이 중요하고 가치가 있다고 말한다. 체육에 대한 긍정적 연구만이 넘쳐 나고 있다. 분명한 것은, 모든 것은 양면성을 갖는다는 것이다. 체육 역시 양면성을 갖기 때문에 부정적 측면이 존재한다. 예를 들어 스포츠는 몸에 나쁘다는 주장과 스포츠가 공격성을 증가시켜 폭력으로 나타나게 한다는 주장이 있다. 이러한 주장들이 무시되어서는 안 된다.

당연하게 생각하는 것에 대하여 다른 생각을 가질 수 있는 것이다. 이단적 사고를 인정할수록 학문이 더 성장한다. 자기 입맛에 맞지 않다고 배척하는 것은 학문의 정체 내지는 퇴행을 자초하는 것이다. 다양한 시선으로 스포츠를 볼 수 있고 연구할 수 있다. 너무 일률적인 연구 논문 주제는 새로운 이단적 사고를 발견하기 어렵다.

체육학은 학문적 자신감이 결여되어 있다. 이 때문에 다른 학문에 대한 열려 있는 사고를 하지 못한다. 자신의 밥그릇이 다른 사람에게 넘겨질까 봐 폐쇄적으로 갈 수밖에 없다. 자신감이 없기 때문에 한 가지 시선으로만, 한 가지 목적으로만 연구가 진행될 수밖에 없다. 다양한 차원에서 연구되어야 학문은 발전한다. 적어도 학문이 지속적인 발전을 하기 위해서는 이단적 사고가 절대적으로 필요하다. 이단적 사고 속에서 창의적인 연구가 등장하는 것이다.

43 복싱 폐지론

복싱 챔피언이었던 최요삼 선수는 국내 복싱의 활성화를 위해 은퇴할 나이에 다시 링으로 돌아와 경기를 했던 선수다. 그 결과 안타깝게 죽음을 맞이했지만 그의 복싱에 대한 사랑은 팬들의 가슴속에 남아 있다. 그의 죽음이 헛되지 않게 하기 위해서는 복싱 위기에 대해 생각해 보아야 할 것이며, 여기서는 죽음을 가져오는 복싱 폐지론에 대해 알아보겠다.

복싱 폐지론은 고 김득권 선수와 관련해서 제기되기도 했다. 하지만 그것도 오래가지 못하고 사라졌다. 선수들을 죽음으로 몰고 가는 복싱은 폐지되어야 한다는 논리는 설득력을 얻지만, 그럼에도 불구하고 폐지론이 힘을 얻지 못하는 것은 복싱의 폭력성을 모두가 원하기 때문이다. 근원적 경향성 때문에 선수가 죽어 나가지만 그래도 복싱의 폐지를 반대하고 있는 것이다. 그럼에도 불구하고 복싱은 폐지되어야 한다.

첫째, 선수를 죽음으로 몰고 가기 때문에 폐지되어야 한다. 운동 경기는 위험에 노출되어 있기 때문에 부상을 당하거나 심하면 죽을 수 있다. 하지만 근대 스포츠는 규칙과 안정성이 이전보다 강화되어 오고 있다. 복싱의 경우는 죽는 선수들이 줄어들지 않고 지속적으로 나타나고 있다. 그렇기 때문에 복싱은 폐지되어야 한다. 한 명의 사상자가 나와도 그것은 폐지되어야 할 정당한 이유가 된다.

둘째, 복싱은 폭력성을 조장하고 있다. 링 밖에서 싸우는 것은 범법 행위라고 간주하여 법의 구속을 받는다. 하지만 링 안에서의 싸움은 규칙이라는 조건에서의 싸움이기 때문에 법으로부터 구속을 받지 않는다. 복싱은 스포츠이기 때문에 문제가 없다는 논리다. 하지만 링에서 죽은 선수가 매년 발생하고 있다. 특히 복싱은 인간의 폭력성을 조장한다.

셋째, 야만적인 행위라고 할 수 있다. 링 위에서 싸움을 시키고 그것을 지켜보는 것은 야만적인 행위다. 링 주위에서 사람들은 돈을 걸고 누가 더 강한가를 지켜본다. 폭력을 조장하는 복싱은 지금의 시각으로 볼 때 야만적인 행위라고 할 수 있다. 고대 후기 로마 시대의 검투사 경기와 별반 다르지 않다는 것을 볼 수 있다. 죽을 수 있는 경기를 스포츠라는 명목으로 행하고 있다. 야만적인 행위를 정당화하고 있을 뿐이다.

이상과 같이 복싱 폐지론이 제기되고 있다. 논리적 설득력을 얻을 수 있는 주장이지만 그럼에도 불구하고 복싱은 폐지되지 않고 지속되고 있다. 그것은 복싱 팬이 복싱의 원초적 경향성을 강하게 원하고 있기 때문이다. 간접적으로 공격 욕구가 충족되기를 원하기 때문에 사라지지 않고 지속되고 있다. 과연 복싱 폐지론이 제기되고 있는데도 불구하고 앞으로 사라지지 않고 지속될 것인가를 지켜보아야 할 것이다.

44 어느 시간 강사의 양심 고백

같은 물을 먹고살고 있는데 내부의 문제를 외부에 알리는 것은 배반 행위이기 때문에 그 책임을 물을 수밖에 없다. 한국 사회에서 내부 고발 제도가 있으면서 내부 고발이 빈번하지 못한 이유는 한국 사회의 특수성 때문이다. 같은 조직에 있기 때문에 잘못을 눈감아 주어야 한다는 논리다.

다른 조직보다 의리를 강조하는 체육계에서 자신의 직업적 안전을 포기하고 양심 고백을 한 시간 강사가 있다. 주위에서 달걀로 바위 치기라고 비웃고 있지만, 용기 있는 행위라고 할 수 있다. 자신의 안일을 위하여 알아서 복종하는 문화에서 용기 있게 고백을 한 것은 체육계의 발전을 위해서 정말 필요한 일이다. 모두들 알고 있지만 자신에게 피해가 올 것을 두려워하여 대부분이 침묵하고 있다. 그렇기 때문에 동료 시간 강사의 피해를 방관하고 지켜만 보고 있는 형국이다.

적어도 양심 고백을 한 사람을 위해서도 자신들이 경험한 이야기를 솔직하게 증언하는 것이 도리다. 자신만 살기 위해서 양심적인 동료를 죽이는 행위는 비겁하다고 할 수밖에 없다. 없었던 일을 시간 강사가 만들어 낸 것은 아니다. 시간 강사의 증언은 신빙성이 있을 뿐 아니라 너무나 구체적이다. 이 정도는 누구나 알고 있는 사실이다. 단지 침묵하고 있을 뿐이다.

내부 고발을 통해서 자정을 거쳐 쇄신해야 한다. 이런 피해자가 있는데 변화가 없다면 그 조직은 구조할 수 없는, 이미 썩어 버린 조직일 뿐이다. 아무나 못하는 일을 시간 강사가 했다. 모두들 비겁하게 자기 살길만 생각하고 있는데 자신의 안위를 떠나서 체육계 전체를 생각하는 행동을 했다. 사건을 보는 위치에 따라서 다르겠지만 나의 눈에 그의 행동은 대단히 용기 있는 행동으로 보인다.

내부 고발이 많아지면 서로 감시하고 저항하기 때문에 부정부패가 일어날 수 없다. 다수가 침묵하기 때문에 부패가 사라지지 않고 지속되는 것이다. 누군가 지켜보고 감시하고 있는 견제 세력으로 존재하면 감히 부정을 행하지 못할 것이다. 신고를 철저하게 하고 감시를 하면 부정부패는 사라진다. 다수가 침묵하고 묵인하는 일은 동조하는 범법 행위다. 용기 있는 내부 고발이 많아지기를 기대한다.

이들에 의해서 개혁이 이루어진다. 내부 고발이 조직의 힘에 의해서 사라지면 개혁과 변화를 요구할 뿐이다. 내부 고발을 하는 용기가 필요하다. 용기 있는 자만이 개혁을 하고 체육계를 정화할 수 있는 원동력이다. 개혁은 혼자만이 할 수 있는 것이 아니라 협력과 동조에 의하여 힘을 발휘할 수 있다. 저항과 비판 세력이 견제하지 않는다면 조직은 썩어 간다. 부패를 방지하기 위해서는 내부 고발이 있어야 할 것이다.

45 병역 문제의 해법은 요원한가?

국민개병 제도의 나라. 모두가 군대에 갔다 와야 한다. 예외가 없다. 그런데 현실은 서로 가지 않으려고 애를 쓴다. 운동선수라서, 종교인이기 때문에, 건강이 좋지 않아서, 독자이기 때문에……. 이유도 너무나 다양하다. 서로 군대를 안 가려고 한다면 과연 누가 군대에 가겠는가? 권력 없고 능력 없는 사람만 군대에 갔다 왔다고 말한다. 국회의원의 아들들의 면제 비율을 따져 봐도 일반인들에 비하여 높다.

국회의원 당사자들도 군대에 갔다 오지 않은 사람들이 생각보다 많다. 무엇을 말하는가? 권력과 부를 가진 사람들은 편법을 사용해서 군대를 회피한다. 기득권자, 사회를 움직이는 사람들이 군대를 회피하면서, 누구나 군대를 가야 한다고 말하는 것은 어불성설이다. 합법적으로 군대에 가지 않는 방법들이 제기되고 있다. 특히 특정 종교인들의 집총 거부는 전과자를 양산하고 있다. 양심 병역 거부에 대한 대체 복무 방안의 마련에 고심하고 있다.

병역 문제는 형평성의 문제에서 이견이 많다. 누구는 군대 갔다 왔는데, 누구는 가지도 않았다는 얘기만 만연하다. 다양한 병역 방법과 합법적인 방안에 대한 논의가 있어야 한다. 손해 보지 않고 형평성에 맞게 병역 문제를 해결할 수 있는 혜안이 필요하다. 특히나 우리 사회에서 병역 문제는 민감하다. 자기가 갔기 때문에 다른 사람도 가야 한다는 논리다. 운동선수에게 아주 민감한 부분이 병역이다.

운동선수에게 군 입대는 선수 생활을 중단하는 것과 같다고 한다. 이는 운동선수들의 병역 기피가 많이 발생하는 이유다. 한창 운동할 나이에 군대를 간다는 것은 손해도 엄청난 손해라고 한다. 그런데 군대 갔다 와서 더 잘하는 운동선수들이 있다. 이들에 대하여 뭐라고 말해야 하는가? 군 입대는 운동선수의 끝이라는 사실에 반증하는 좋은 예다. 그들은 상무에 근무했기 때문에 운동선수 생활을 지속할 수 있었기 때문이라고 반론을 펼친다. 모든 운동선수가 상무에 갈 수 없다. 특히나 운동에 능력 있는 사람만이 그 혜택을 받는다.

운동선수가 병역 혜택을 받기 위해서는 세계 선수권 대회나 아시안게임에서 1위나 올림픽 3위 이내에 입상해야 한다. 세계적인 수준에 있는 경기 종목의 운동선수들은 문제가 되지 않지만, 그 밖에 경기 종목의 선수들은 합법적 병역 혜택을 받기가 어렵다. 합법적 방안은 있지만 그것에 도달하기가 어렵다. 그렇기 때문에 경기 종목의 특성에 맞는 순위를 조정하는 현실적 방안이 필요하다.

병역 혜택의 방법을 다양하게 한다면 지금과 같이 병역 비리가 발생하지 않을 것이다. 또한 누구나 군대에 가려고 하는 사회를 만든다면 병역 비리는 줄어들 것이다. 그러면 어떻게 모두가 가려고 하는 군대를 만들 수 있을까? 그것은 군대 경력에 대한 혜택을 늘려 간다면 자연히 해결될 수 있다. 군 생활에 대한 특혜를 줌으로써 누구나 군대를 가려고 하는 분위기를 만들 수 있다. 지금과 같은 일방적인 군 입대는 손해라고 생각하기 때문에 회피를 하려고 한다. 이것을 방지하기 위해서는 손해가 아니라 이득이 되도록 해야 한다.

46 마라톤과 페이스메이커

마라톤은 인생에 비유된다. 42,195킬로미터를 2시간 10분대에 달린다는 것은 상상도 하지 못했다. 점점 기록이 빨라지고 있다. 인간의 한계를 넘어서는 마라톤에서 우리는 삶의 교훈들을 발견한다. 마라톤을 100미터를 달리는 것처럼 빨리 달리면 결승선에 도착하지 못한다. 각 선수마다 자신의 기록이 있기 때문에 페이스를 조절한다. 페이스 조절에 실패하면 좋은 성적을 얻기가 어렵다.

마라톤에서 우리가 배워야 할 것은 자신의 페이스를 조절하면서 달려야 한다는 것과 오버하지 말라는 것이다. 옆 친구와 주변 사람들과 자신을 비교하지 말고 자신의 모습대로 세상을 살아야 한다는 것을 말해 주고 있다. 타자와의 비교는 나를 초라하게 할 뿐 아니라 오버하게 만들 수 있기 때문에 경계할 필요가 있다. 자기 페이스를 잘 조절하지 못하는 선수와 기록 향상을 위해서 페이스메이커가 등장했다.

이들의 희생 때문에 세계기록과 좋은 기록을 달성할 수 있다. 페이스메이커는 일정한 속도를 유지하면서 선수가 최선을 다해 오버하지 않고 기록을 단축할 수 있도록 도움을 준다. 자신의 역할이 끝나면 마라톤을 완주하지 않고 중간에서 포기를 한다. 단지 자기 동료의 신기록을 위해 자신을 희생하는 것이다. 한번 끝까지 달려 보지 않고 동료를 위해 자신의 욕망을 버리는 행위는 쉽게 이해할 수 없지만 마라톤 경기에서 쉽게 발견할 수 있는 일이다.

우리는 자신의 분수를 모르고 사회 분위기에 따라서 작동하게 된다. TV 광고의 영향으로 특정 상품을 소비하는 것이 대표적인 경우이다. 예를 들어 꼬마들의 경우 경품을 건 특정 과자에 있어 매출을 올린다. 꼬마들은 과자의 맛보다는 과자에 달린 경품에 관심이 더 있기 때문에, 심하면 과자는 쓰레기통에 버리고 경품만 가지는 모습까지 보인다.

마라톤 선수도 상대선수가 빨리 달리면 자신의 페이스를 잊고 따라가다가 체력이 바닥나서 중도에 포기하고 만다. 그렇기 때문에 상대 선수를 너무 신경 쓰지 말고 자신의 페이스를 유지하는 선수가 훌륭한 선수일 뿐만 아니라 자신의 기록도 단축할 수 있는 선수가 된다. 삶과 마라톤도 주변 사람들을 의식해서 살다 보면 경제적 파산과 중도 포기라는 결과를 만날 수 있다. 자기에게 필요하지도 않는 물건을 사거나, 자신의 구간 기록보다 빨리 달리는 것은 자멸하는 것에 지나지 않는다.

살면서 생각해야 하고 생각하면서 살아야 하는 것은 바로 분수에 맞는 삶이다. 분수도 모르고 살다 보면 경제적 파산 선고를 당하게 된다. 자신의 경제력에 맞게 소비하고 생활해야 한다. 옆집을 따라가다 보면, 혹은 과시적 소비에 빠지게 되면, 문제는 더욱 심각해진다. 인생도 마라톤이기 때문에 마라톤을 완주하는 것이 목적이기 때문에 구간 기록을 체크하면서 자신의 페이스를 조절해야 한다. 그래야 좋은 기록을 낼 수 있다. 분수를 알고 오버하지 말자. 그것이 삶의 지혜다. 마라톤에서 우리가 배울 수 있는 최고의 교훈이다.

47 인생의 멘토를 구하라

인생을 잘 살기 위해서는 코치가 필요하다. 자기 잘난 멋에 산다고 제멋대로 살 수가 없다. 아무리 해 봐도 성과가 없다. 나보다 먼저 세상을 살았던 선배와 부모님, 가족들을 내 삶의 멘토로 삼아서 코치를 받아 가며 세상을 살아가야 한다. 내 인생 내가 선택해서 내가 산다고 자기 식대로 살면 안 된다. 인생에서 시행착오를 많이 경험하신 주변의 사람들에게 조언과 코치를 받는 것이 필요하다. 주변의 멘토를 잘 활용하는 것이 현명한 행동이다.

운동선수가 자기가 잘났다고 혼자 훈련해서 좋은 기록을 내기는 생각만큼 쉽지 않다. 그래서 유능한 코치가 필요하다. 코치의 도움으로 자신의 단점을 찾아내고 좋은 기록을 내기 위해서는 체계적인 훈련을 통해서 조금씩 실력을 쌓아가야 한다. 너무 서둘러서는 안 된다. 천천히 하지만 멈추지 않고 지속적으로 행해야 한다. 코치를 잘 만나야 한다. 무능한 코치는 도움이 되기보다는 더 망가질 가능성이 있다.

유능한 멘토를 구해서 도움을 받는다면 자신이 원하는 좋은 기록을 달성할 수 있다. 오직 연습만 필요하지 그 외에는 불필요하다고 생각하는 것 자체가 문제다. 주변의 도움으로 자신의 단점을 찾아내고 수정하여 장점으로 만드는 과정을 통해서 자신의 능력을 향상시킬 수 있다. 멘토를 잘 활용하는 사람이 인생에서 성공할 확률이 높다. 왜냐하면 인생의 노하우를 전수받을 수 있기 때문이다. 한번 살아보았기 때문에 인생에서 필요한 것들을 잘 알고 있다. 그것들을 도움을 받아서 배워야 한다.

문제는 훌륭한 멘토를 어떻게 만날 수 있느냐 하는 것이다. 자신이 선택할 수 있는 능력이 없기 때문에 주위의 도움과 멘토의 인생 경험에 대한 검사를 통해서 유능한 멘토를 선택하는 것이 필요하다. 잘못된 만남은 기록 하락과 운동을 중단할 수 있기 때문에 신중에 신중을 더해서 훌륭한 멘토를 만나야 한다. 일단 멘토가 결정되면 멘토의 도움에 따라 철저하게 실행하는 것이 필요하다. 그래서 변할 수 있고 도움을 자기 것으로 할 수 있다.

인생은 독단으로 살아갈 수 있는 것이 아니다. 사람들이 모여서 사회를 이루고 살아가고 있기 때문에 남과 잘 어울려 살아가는 지혜가 필요하다. 사람은 어차피 더불어 살아가야 하는 존재이기 때문에 주위의 도움과 조언을 통해서 자신에게 닥친 문제를 해결하기 위한 다양한 방법을 찾아야 하고 그것을 활용해야 한다. 자신의 문제는 자신이 해결해야 한다는 마음가짐은 물론 좋다. 하지만 그것만으로 세상을 살아가기에는 어려움이 많다. 그렇기 때문에 주위 멘토의 도움을 받아서 시간 절약과 노력이 헛되지 않게 해야 한다.

모든 분야는 이미 그 분야를 걸어오며 성공한 사람에게 도움을 구하는 것이 필요하다. 이미 그 사람은 인생을 살아오면서 많은 어려움을 극복해 왔기 때문에 똑같은 경험을 하게 될 경우 유용한 도움을 받을 수 있다. 미리 알고 대처할 수 있는 시간과 대처 방법을 그 사람에게서 배울 수 있기 때문에 어떤 문제에 직면해도 중도에 포기하지 않고 극복할 수 있는 힘을 얻을 수 있다. 인생에서 멘토를 잘 활용해라. 그것이 인생에서 성공할 수 있는 길이다.

48 스포츠와 대듦의 정신

한국에서 파생되는 스포츠의 문제를 압축적 근대화의 산물로 인식하는 학자가 있다. 너무나 빠르게 성장했기 때문에 문제들이 한 번에 쏟아져 나오게 된 것이라고 말한다. 스포츠에서의 성폭력 문제라든가, 일상화된 폭력, 복싱 선수 최요삼의 죽음, 운동선수들의 병역 문제 등이 바로 압축적 근대화의 결과물이다. 올바른 운동 문화를 만들어 가기 위해서 필요한 것이 무엇일까? 이러한 문제들은 영원히 치유할 수 없는 숙제인가? 이 문제를 치유할 수 있는 방법은 바로 함석헌 옹이 말씀하시던 '대듦의 정신'에 있다.

아랫사람이 윗사람에게 대든다는 것은 유교 사회에서 용납할 수 없는 행동이다. 윗사람은 아랫사람에게 함부로 대해도 문제가 없다는 것이 제일 큰 문제다. 유교 이데올로기에 의한 장유유서에 따른 서열과 질서는 아랫사람을 노예로 만든다. 순응하고 복종하는 것이 착한 행동이라고 유교는 권고하고 있다. 이러한 시대적 사고는 유교를 지배 이데올로기화했던 조선 시대에나 통하는 일이다. 지금은 시대가 변했다. 따라서 의식 자체가 변해야 한다. 아랫사람이 볼 때 윗사람이 제대로 행동하지 못하면 대들 필요가 있다. 아무리 싸가지가 없는 놈이라고 낙인이 찍혀도 변화를 위해서는 희생이 좀 필요하다.

감독의 절대 권력은 인간의 양심과 양식을 마비시킨다. 자신이 무슨 일을 하는지 모르게 악을 범하는 경우다. 자신의 딸 또래의 여자 선수를 성폭행하는 것은 바로 선수들의 순응과 복종에 길들여졌기 때문이다. 선수들이 정의롭지 못한 것에 대하여 대들 필요가 있다. "대듦이 바로 생명"(함석헌)이기 때문이다. 운동만 하다 보니까 운동기계가 되어 생각하기를 싫어한다. 생각이 없으면 깨어 있지 못하게 된다.

공부를 통하여 저항 정신과 비판 정신을 길러서 감독의 부당한 행위에 대하여 대들 수 있어야 한다. 대들어야 살 수 있다. 대들지 않고 침묵하면 죽을 수 있다. 살기 위해 대들고 저항해야 한다. 그러면 지도자들도 함부로 행동하지 못한다. 침묵하고 순종하기 때문에 이 같은 문제가 발생한다. 신고하고 공론화해서 문제가 있는 지도자는 영구 제명될 수 있도록 만들어야 한다. 학부모도 선수들과 함께 대듦이 필요하다. 방관하기 때문에 지금과 같은 일이 생겨나는 것이다.

운동선수들에게 특히나 대듦의 정신이 증발했다는 것은 죽음을 말한다. 양심 있는 행동을 하지 못하게 한다. 친구나 동료가 성폭행을 당하는데 묵인하는 것은 자신도 지도자와 함께 동조하는 죄를 범하는 것이다. 자신이 당하지 않았기 때문에 문제가 없다고 묻어 두려고 하는 행위부터가 비양심적 행위다. 침묵하면 자신에게도 같은 일이 되풀이될 수 있다. 요즘은 미디어가 발달했기 때문에 미디어를 통해서 저항하고 비판할 수 있다. 열려 있는 공간에 고발하는 것이 필요하다.

자신에게 불이익을 가져올 수 있다고 침묵하고 동조하는 행위는 죽은 행위다. 양심에 따른 행위를 하는 것이 필요하다. 지도자의 부당한 행위에 대하여 대들어야 한다. 대드는 것을 보고 싸가지가 없는 일이라고 간주하지만 그래도 살기 위해서는 대들어야 한다. 대들어야 살 수 있고 한국의 운동문화가 살 수 있다. 너무 순응하고 기계처럼 행동하지 마라. 지금은 소통과 대등한 관계가 필요한 시대다. 독선적이고 권력을 행사하지 못하도록 감시와 견제할 수 있는 장치의 개발도 함께 생각해야 한다.

대들지 않는다면 독재는 강화되고 선수들은 도구화되고 폭력에 굴복하게 된다. 폭력을 허용하는 운동문화 자체가 문제가 있다. 지금 시대에 매 맞고 운동하는 것은 어리석은 일이다. 매 맞지 않고 운동을 할 수 있는 토양을 만들어 나가야 한다. 무능력한 지도자가 생존할 수 없도록 만드는 것이 필요하다. 지도자는 조련사가 아니라 교육자이기 때문에 교육적 자질이 부족한 조련사가 살지 못하게 감시하고 견제해야 한다. 그래야 운동선수들이 스포츠를 통하여 삶을 배우고 지혜를 배워서 사회생활을 할 수 있을 것이다.

49 도박 스포츠

2006년 전국을 강타한 도박의 사행심을 조장하여 온 나라 안이 혼란에 빠진 사건이 있었다. 로제 카이와가의 놀이 구분에서 아레아(운)의 요소를 이용한 형태의 놀이다. 바다 이야기, 황금성, 스크린 경마 등이 그것이다. 여기에 중독되어 그 폐해가 심해지자 허가를 내 준 문화관광부에서 금지를 했다. 불법 행위로 체포하게 되면서 도박장이 급격히 줄어들었다. 이러한 도박 게임은 인간들의 도박 심리를 이용한 일대 사건이었다. 스포츠라고 할 수 없지만 인간의 도박에 대한 호기심을 이용한 이러한 일은 사라지지 않고 음성적으로 지속될 개연성이 높다.

도박 스포츠의 역사는 아주 길다. 근대 스포츠가 영국에서 시작될 때부터 도박을 함께 해 왔다. 길거리 복싱은 물론, 크고 작은 경기에서 도박은 늘 붙어 다녔다. 작은 돈을 걸고 경기를 관람하는 것은 보는 재미를 배가시키기 때문에 참가 인원은 점차적으로 증가했다. 실감 나지 않는다면 실제로 돈을 걸고 경기를 관람해 보면 알 것이다. 자신이 건 선수나 팀에 관심이 집중되어 보는 재미를 늘려 준다. 이러한 즐거움마저 도박 스포츠의 폐해 때문에 금지하는 것은 곤란하다. 합법화된 경정, 경마, 경륜 등은 국가가 관리하고 있기 때문에 이를 이용하는 것이 좋을 것이다.

도박 스포츠의 폐해 때문에 비판의 대상이 되고 있지만 도박 스포츠는 좋고 나쁨의 대상이 아니다. 어떻게 하느냐에 따라서 평가를 받을 수 있다. 액수를 제한한다면 여가 행위로서 일상의 즐거움을 주는 역할을 충분히 줄 수 있다. 그럼에도 불구하고 비판의 대상이 되는 것은 배팅 액수가 크기 때문이다. 그 결과에 따라서 가정 경제가 붕괴되고 파탄이 일어났다. 이런 연유로 도박 스포츠에 대한 감시와 경계의 눈빛을 떼지 않는 것이다. 합법화된 도박 스포츠에 제한된 배팅 액수가 조정될 수 있다면 긍정적 기여를 충분히 할 수 있다.

국내 골프장에서 하는 골프의 대부분은 내기 골프라고 한다. 그만큼 골프와 내기는 불가분의 관계를 가진다. 이러한 상황을 볼 때 내기나 도박은 스포츠를 더욱 즐겁게 만들 뿐만 아니라 참가 인원을 늘리는 역할을 하고 있다. 액수를 제한해서 즐거운 행위로 만족할 수 있도록 할 수 있는 제도적 장치를 만드는 것이 무엇보다도 필요하다. 이대로 도박 스포츠가 만연하게 되면 도박망국론이 제기될 가능성이 높다. 일을 하지 않고 모두가 도박에만 매달리면 경제는 붕괴되고 만다.

여가로서의 도박을 인정한다면 적당한 배팅을 통한 즐거운 행위는 권장할 만하다. 하지만 배팅 액수가 크면 그 피해는 크다.

도박 스포츠의 폐해가 크다고 금지해서는 안 되는 몇 가지 이유가 있다. 인간이 가지고 있는 도박에 대한 욕구를 어느 정도 충족시켜야 한다. 금지만이 만능이 아니다. 금지하면 할수록 음성적으로 행할 가능성이 높다. 그때 도박 스포츠를 통해서 즐거운 여가 행위가 보장되는 것이다. 고스톱을 예로 들면, 경로당에서 치는 고스톱의 판돈은 크지 않고 치매 예방과 여가 행위로서 기능을 한다. 도박 스포츠 역시 합법화된 것에 한하여 적은 배팅으로 즐기는 스포츠일 뿐이다. 하지만 판돈과 배팅 액수가 크게 되면 여가 행위가 아니라 도박의 폐해가 심각하게 나타난다.

50 문제는 학부모다

한국 현실에서 제기되고 있는 운동선수의 폭력과 성폭력, 공부와 운동의 병행 문제의 핵심은 지도자에게도 찾을 수 있지만 학부모에게 더 문제가 있다. 왜냐하면 지도자의 월급을 주는 것은 학부모이기 때문이다. 지도자에게 모든 것을 의존하고 맹목적으로 신뢰하는 데 문제가 있다. 그 결과 지도자는 무소무위의 권력을 가지고 학생과 학부모 위에 군림하고 권력을 행사한다.

지도자와 학부모 그리고 학생의 관계는 수평적 관계가 아니라 수직적 관계라는 일방적인 관계 맺음에서 문제의 원인을 찾을 수 있다. 지시와 복종이라는 관계만이 존재하는 것이 문제다. 그 결과 학부모 앞에서 아이들을 폭행하고 함부로 하는 것이다. 학부모는 그 같은 폭력을 목도하고 침묵한다. 왜냐하면 지도자에게 모든 전권을 맡겼기 때문이다. 지도자는 그것을 잘 알고 있기 때문에 허가된 폭력을 가하는 것이다.

이 같은 문제의 최초 원인 제공자는 학부모라고 생각한다. 한국에서 치맛바람의 위력은 잘 알려져 있다. 이민을 간 외국에서도 똑같은 현상이 발생하는 것을 보면 학부모들이 그러한 지도자를 만드는 것이다. 생존권이 보장되지 않는 지도자의 입장에서 눈에 보이는 결과를 내놓아야 하는데, 그 같은 좋은 결과가 단기간에 보이는 최상의 방법은 폭력을 사용하여 학생들의 능력을 발휘하도록 하는 것이다. 그렇지 않다면 단기간에 좋은 결과를 얻기란 어려워진다.

학부모들의 자식에 대한 맹목적인 사랑과 자식을 통하여 대리 만족을 얻으려는 의식 때문에 이와 같이 파행적인 운동 문화가 나타난다. 자식들의 성공에 대한 잘못된 오해 때문에 모순된 행동이 되풀이된다. 성공이라는 각자의 잠재력을 발휘하는 데서 얻는 결과다. 경제적 부와 정치적 권력이 성공을 의미하지 않는다. 하지만 그러한 한국의 학부모들은 성공이라는 것을 명예, 부, 권력으로 도식하여 인정하고 있다. 과열된 경쟁으로 선수들의 인간성을 말살하고 있다.

경쟁의식 없는 교육이 우선적으로 요구되는 것은 현실적으로 어려워 보이지만, 과열된 경쟁의식을 사라지게 하고 즐겁고 아름다운 스포츠를 체험할 수 있는 기회를 만들어 주는 것이 현실적인 필요성이다. 하지만 과잉 경쟁과 맹목적인 승리만을 종용하는 운동 문화는 선수들을 비인간화하고 감정 없는 운동기계로 만들어 갈 뿐이다. 우리가 원하는 것은 슬픈 금메달과 같이 아무런 감정 없이 기계적인 훈련을 통해서 얻게 되는 금메달이 아니라, 개인이 감정과 노력을 통하여 성취하는 결과물이다.

학부모들은 지도자에게 맹목적으로 순종하고 의존하는 관계에서 벗어나 감시와 저항, 그리고 조언을 해 주는 대항력을 갖춘 관계를 유지해야 한다. 폭력과 성폭력은 바로 학부모들의 암묵적 동의에서 일어난 결과다. 학부모들은 지도자를 감시하는 대안 세력이 되어야 한다. 무조건적 신뢰를 하는 것이 아니라 잘못된 것은 과감하게 지적하는 관계가 되어야 한다. 그래야 왜곡된 운동문화를 바로잡을 수 있다. 학부모, 학교가 부여한 지도자의 전권이 문제의 원인이 되는 것이다. 이를 견제해야 할 대항 세력이 필요하다.

51 공한증은 없다

10억 이상의 인구를 가진 중국이 경제적으로 도약하고 있다. 뿐만 아니라 스포츠에서도 강국의 면모를 보여 주고 있다. 여러 스포츠 종목에서 세계적인 우위를 보여 주는 중국이지만, 유독 남자 축구에서는 대국의 모습을 보여 주지 못한다. 특히 한국과의 축구 경기에서 승리를 못하고 있다. 이것을 중국에서는 공한증이라고 말한다.

최근 중국 중칭에서 벌어진 한국과의 경기에서 3대 2라는 결과가 나왔다. 중국이 승리할 수 있는 분위기에서 한국은 언저리 타임에서 역전골을 성공시켰다. 무승부로 끝날 수 있는 경기인데 한국은 기회를 놓치지 않고 골을 성공시켜 승리를 일궈 냈다. 역전골의 주인공은 수비수였다. 중국의 입장에서, 공격수도 아니고 수비수에게 역전골을 줬다는 것은 공한증이라는 보이지 않는 힘이 나타나고 있음을 간접 시사하는 것이다. 중국인들은 만들어진 허구 속에서 벗어나지 못하고 패배를 자인하고 있다. 공한증은 허구임에도 불구하고 그 그림자에서 벗어나지 못하고 있다.

중국은 한국을 넘어 세계를 제패할 능력이 있는 팀이다. 축구의 역사로 보면, 영국보다 중국은 축국이라는 축구를 아주 오래전부터 해 왔다. 여자 축구를 보면 남자 축구 역시 조만간에 동아시아를 넘어 세계에서 강국으로 등장할 날이 멀지 않았다. 한국과의 경기에서 실력보다는 한국 선수들에게 기가 죽어서 경기를 제대로 마음먹은 대로 펼치지 못하는 데 문제가 있다. 한국 팀을 의식하지 않고 중국의 위력을 보일 때다.

한국을 넘지 못하는 것은 중국 선수들의 마음에서 비롯된다. 한 번도 이겨 보지 못했기 때문에 지는 것은 아주 당연하다고 생각하는 것에서 패배의 원인을 찾을 수 있다. 충분히 객관적으로 승리할 수 있는 조건에서 패배를 하는 것은 마음 상태가 패배의 분위기에 젖어 있기 때문이다. 이길 수 있다는 의식의 변용이 필요하다. 이때 한국을 넘어 세계로 진출할 수 있다. 한국은 피파랭킹 41위에 지나지 않는다. 한국보다 잘하는 팀이 무수히 많다. 한국에 기죽지 말고 자신들의 능력을 발휘할 수 있는 분위기 쇄신이 필요하다.

공한증이라는 말은 기자들이 만들어 낸 허구의 이데올로기다. 이를 잊고 승리할 수 있다는 태도가 중요하다. 한국과의 경기는 안 된다는 부정적인 생각이 경기를 불리하게 만든다. 한국과의 경기에서 반드시 이길 수 있다는 자신감과 긍정적 마음가짐이 승리의 원동력이 된다. 한국 역시 중국 선수들과의 경기에서 실력을 발휘해서 정당하게 승리하는 모습을 보여 줄 필요가 있다. 억지로 승리하는 것은 패배자에게도 좋지 않은 모습을 보여 주게 된다.

다시 말하지만 공한증의 실체는 허구적 이데올로기다. 중국 선수들이 임의적으로 공한증을 재생산해서는 안 된다. 그것은 패배를 합리화하는 기제에 불과하다. 실력으로 승부하고 월등한 실력 차이가 있다면 그것을 인정하고 박수를 쳐 주어야 한다. 하지만 객관적 전력에서 차이가 없다면 단지 운이 없었기 때문이라는 위로가 필요하다. 전년도 동아시아 축구 대회에서 중국은 우승한 전력이 있다. 작년에 이어서 올해에도 우승컵을 안을 수 있도록 노력하는 것이 중국 축구 선수들이 할 수 있는 최선의 길이다. 한국 팀을 너무 의식할 필요는 없다. 한국 팀 역시 일본과 북한과 별단 다르지 않는 팀이라고 생각하면 된다.

52 운동하면 행복할까?

운동과 행복의 관계는 선행 연구들을 통하여 입증되고 있다. 운동부족병 때문에 야기되는 성인병은 암보다 더 무서울 뿐만 아니라 사람들의 생명을 단축한다. 약간의 운동은 건강한 몸을 만들고, 의료비용까지 절감하게 한다. 운동을 권하고 운동을 하는 사람이 많아지면 국민건강비용이 절감되어 그 비용을 국가 발전에 이용할 수 있다.

운동을 하면 기분이 좋아지고 명랑한 성격을 만들어 주어 사회 전체가 활력이 넘치는 사회가 된다. 이렇게 하기 위해서는 주변에 운동 시설을 증설하여 마음만 먹으면 쉽게 운동할 수 있는 분위기를 만드는 것이 필요하다.

운동은 엔도르핀을 증가시킨다. 그런 엔도르핀이 하루하루를 즐겁게 만든다. 엔도르핀은 우리 몸에서 생성되는 마약과 같은 행복 물질이다. 무미건조한 삶에서 즐거움을 선사하는 것 중에 운동을 꼽을 수 있다. 음주는 일순간의 즐거움을 주지만 그 후유증이 크다. 물론 적당한 음주는 건강과 즐거운 마음을 주지만 운동만큼 지속적인 즐거움을 선사하지 못한다. 운동은 맑은 정신 속에서 즐거움을 체험하게 한다.

몸에 맞는 운동은 보약이라고 할 수 있다. 예를 들어 운동을 전혀 하지 않는 운동부족증은 암보다 더 무섭다. 조금이라도 운동을 하면 이러한 병으로부터 자신을 방어할 수 있다. 문제는 실천이다. 운동의 중요성에 대하여 누구나 공감하지만 실천하지 않는 것이 문제라면 문제다.

운동은 행복하게 한다. 행복은 만족도로 표현한다. 모두들 행복을 갈망하지만 행복이 무엇인지 명확히 인지하지 못하고 있다. 막연하게 행복이라고 말한다. 행복은 개인의 삶의 만족도다. 개인의 욕망을 충족시켜 주는 것이 행복감을 증가시켜 주는 일이다. 운동은 인간의 신체 활동의 욕구를 충족시켜 주기 때문에 그 자체만으로 행복으로 가는 길이다.

행복은 멀리 있는 것이 아니라 가까운 곳에 있다는 평범한 진리를 잊고 산다. 큰돈을 들이지 않고 적은 비용으로 부지런히 신체 활동을 하게 되면 그것으로부터 행복감을 얻을 수 있다. 운동을 통하여 건강함 몸과 건전한 생각을 가질 수 있다면 그것이 행복이 아니고 무엇이겠는가. 운동하면서 행복감을 경험하고 생활할 수 있다는 것은 그 자체가 행복이다. 행복을 멀리서 찾지 말고 운동에서 발견해 보자.

53 체육학과 오리엔탈리즘

국내의 대부분의 학문이 국내 토양에서 형성된 것이 아니라 외국에서 수입된 학문이다. 체육학 역시 일종의 수입된 학문이다. 우리 토양에서 자생된 학문이 아니라 미국에서 직수입된 학문이라는 점에서 우리 체육이 아니라 미국의 체육이라고 볼 수 있다. 국내 체육학의 역사는 대략 50년으로 우리 체육을 말할 수 있는 수준이 되었지만, 지금도 수입에 의존하고 있다. 우리가 소개하는 대부분의 이론은 미국에서 직수입한 미국의 체육학이다. 우리는 그것을 토대로 한국적 상황에 적용하고 재단하고 있을 뿐이다. 우리 이론이 없고 미국을 대상으로 하여 만들어진 이론을 가지고 우리 현실을 보기 때문에 이론과 현실에서 괴리가 등장한다.

우리 몸에 맞지 않은 옷을 입는 느낌이다. 국내 체육학 분야에서 가장 오래된 연구 논문집은 〈한국체육학회지〉다. 〈한국체육학회지〉의 연구 논문들의 참고 문헌을 보면 대개가 미국 문헌을 중심으로 작성되어 있다. 학문상으로 볼 때 미국이 발전했다고 하지만 국내에서 연구된 결과물을 참고 문헌에서 사용하지 않고 있다는 것은 이상하다. 그것은 미국 의존도가 높게 나타남을 가시적으로 보여 주는 증거다. 달리 말해서 국내에서 연구된 결과와 인용 문헌을 무시하는 경향이 있음을 말하는 것이다. 물론 국내 연구 수준을 신뢰할 수 없기 때문이기도 하겠지만, 국내에서 연구된 논문을 중심으로 연구되고 외국 문헌은 말 그대로 참고로 삼아야 하는데 현실은 역으로 나타나고 있다.

한국에서 연구하지만 사실은 미국을 중심으로 연구하고 있다는 것이다. 몸은 한국에 있지만 머리는 미국에 가 있는 것이다. 세계화 의식이 더욱 확대되고 영어 강의가 늘어나면서 미국 유학 출신들의 입지가 강화되고 이들을 중심으로 교수 임용이 확대되고 있다. 미국 유학은 점점 늘어나고 있다. 미국 유학을 다녀온 사람들이 미국 이론을 중심으로 연구하였기 때문에 한국적 현실 적용과의 괴리에 대한 고민이 필요하다. 현장을 바탕으로 연구가 되어야 하는데 최신 이론만을 직수입하는 것은 학문적 사대주의를 경험하는 것일 뿐이다.

이승환 교수가 '유교담론의 지형학'에서 말한 식민지적 서구추수주의, 현실과 유리된 탈맥락성, 지적 엘리트주의, 원전중심주의 등이다. 이 중에서 체육학계에서 나타나는 것이 미국 유학 출신들의 지적 엘리트주의 현실이다. 이들이 영어로 자신들만의 학문을 하고 있다는 생각을 지우지 못하는 것은 지적 열등감이라기보다는 지적 엘리트주의가 만들어 낸 것이다. 원전중심주의에서 벗어나지 못하고 미국 문헌은 원전이 되고 모든 것을 원전을 통해 평가하고 판단한다.

현실과 유리된 탈맥락성을 들 수 있다. 현실을 바탕으로 하지 않은 학문은 지적 엘리트주의의 결과이기도 하다. 현실 중심의 연구가 비롯될 때 학문의 현실 적용이 가능하고 유용한 학문이 된다. 현실을 토대로 연구되고 그 연구 결과를 다시 현실 적용을 하여 현실을 개혁하고 인간을 위한 삶을 영위할 수 있을 것이다. 지금보다 더 살기 좋은 삶을 만들기 위해서 연구가 필요한 것이지 개인의 지적 만족을 위한 연구가 되어서는 안 된다.

결국 미국 의존도 높은 학문은 사대주의와 학문 식민지를 만든다. 유통되는 지식이 미국에서 직수입한 내용이 전부이면 미국을 넘어서기보다는 식민지 교육을 재생산하는 결과가 된다. 미국인을 우리보다 우월한 숭배 대상으로 인식시키는 것은 위험하다. 우리가 살고 있는 이 땅에서 제기되는 문제에 대하여 고민하고 그 대안을 모색하고 그 결과를 가지고 지금보다 더 살기 좋은 사회를 만들기 위하여 개혁을 거듭하게 할 수 있는 동력을 제공해 주어야 한다.

54 태권도를 철학하다

현장에서 태권도를 하시는 분들은 내가 스포츠 철학을 전공했다고 하면 태권도 철학에 대해 한마디 해달라고 부탁한다. 태권도에 대한 나의 첫 경험은 초등학교 시절 시골 운동장에서 전 학년이 아침마다 모여 했던 것이다. 교장 선생님이 태권도 교육의 중요성을 인지하신 것인지 확실하게 모르겠지만, 얼마간의 태권도를 몸으로 따라 해 보았다. 이후에 군대에서 남자면 피할 수 없는 군대 태권도를 한 기억이 있다. 그때 다리 찢기, 태극 1장에서 8장까지 품세를 연습하고, 격파, 대련, 겨루기를 해 보았다.

대학의 강사가 되어서 용인대 태권도학과에서 무도문화론이라는 강의를 한 것이 태권도를 학문적으로 접하게 된 경우다. 하지만 태권도에 대하여 잘 알지 못하는 입장에서 태권도 철학을 논한다는 것은 내 자신이 용납되지 않아서 언급을 피해 왔다. 이미 김용옥과 이창후가 철학적 사유를 통하여 태권도 철학을 제시하고 있다. 이들이 제시하고 있는 태권도 철학은 내가 생각하고 있는 태권도 철학과는 차이가 있다. 이들은 태권도 철학이란 실체를 규명하는 작업을 한 것이다. 특히나 태권도를 수련하지 않는 사람은 태권도를 논하거나 철학할 수 없다고 강하게 강조하고 있기 때문에 접근이 쉽지 않다.

내가 생각하는 태권도 철학은 고정 불변의 실체가 있는 것이 아니다. 칸트가 말한 것처럼 태권도 철학은 명사가 아니라 동사형으로 철학함에 의해서 규명되는 것으로 생각한다. 태권도의 철학이 아니라 태권도의 철학함이 정확한 표현이다. 일정한 거리 두기를 통하여 태권도 철학하기를 시도하고, 그 결과가 모여서 태권도 철학은 구성된다. 철학의 영역으로 나누어서 인식론, 존재론, 가치론 등의 입장에서 태권도를 대상으로 연구하는 것이다.

우리 사회에 태권도 도장은 넘쳐 나고 있고, 대학에 정규 학사 과정이 만들어져서 태권도 사범들이 대거 양산되고 있다. 아파트 단지 내에 태권도 도장이 없는 곳이 없을 정도다. 태권도는 영어, 피아노와 함께 초등학교 이전부터 배워야 하는 필수 분야가 되었다. 매년 넘쳐 나는 사범들을 수용하기에는 기존 시장이 협소하다. 이 때문에 도장들 간에 마찰이 생긴다. 지금은 동문 도장을 강화해서 학연을 중심으로 팽창하고 있다.

태권도 도장에서 학생들을 가르치는 현장의 지도자와 대학생과 대학원생, 그리고 교수들도 모든 태권도 철학에 관심을 가지고 있지만, 교과목이 개설된 학교는 계명대가 유일한다. 모두들 태권도 철학을 말하지만 대학에서 강의되지 않고 있다. 학으로서 태권도를 연구하는 논문을 보면 태권도 철학에 대하여 1~2편을 꼭 다루고 있는 것을 볼 수 있다. 태권도 철학은 태권도를 직접 경험한 사람만이 할 수 있는 논리로, 태권도에 관련 없는 사람들을 무의식으로 배척한다. 태권도의 '태' 자도 모르면서 태권도 철학을 논할 수 있냐는 식이다.

태권도에 관한 철학 혹은 태권도 철학, 태권도의 철학 등 다양한 의미로 사용되고 있다. 과연 태권도 철학이란 실체가 있는 것인가? 아니다. 태권도를 철학하는 것이 태권도 철학이라고 할 수 있다. 많은 연구자들과 현장의 지도자들은 태권도 철학의 실체가 있어서 고정 불변하는 것으로 인지하고 있다. 성경과 불경처럼 고정된 텍스트가 존재하는 것으로 오해하고 있는 것이 문제다.

태권도 철학에 대한 오해는 어디에서 기인하나? 고정된 텍스트가 존재한다는 명제에서 찾을 수 있다. 태권도를 연구대상으로 철학적 방법론을 통하여 연구하는 것이 태권도 철학이다. 즉 태권도를 철학하는 것이 곧 태권도 철학이다. 태권도의 비판 정신과 자기 성찰, 그리고 자기 이해가 철저하게 규정되어야 한다. 그렇기 때문에 태권도 철학은 철학의 연구 영역에 따라서 인식론, 존재론, 가치론으로 구분하여 연구하는 것이 필요하다. 태권도 철학은 고정된 것이 아니라 유동적으로 연구되는 것이다.

태권도라는 현상에는 태권도를 지도자, 수련생, 도장, 태권도 띠, 도복 등 다양한 것이 존재한다. 이와 같은 현상에 대하여 철학적 사유 방법을 통하여 연구하는 것이 태권도 철학이다. 태권도 현상을 비판과 성찰 그리고 재해석하는 과정을 통해서 정립해 가는 것이 태권도 철학이다. 끊임없는 자기비판과 성찰을 통해서 태권도를 올바른 방향으로 갈 수 있도록 안내하는 것이 태권도 철학의 역할이다. 예를 들어 '태권도는 무도인가 혹은 스포츠인가?'에 대한 문제를 숙고를 통하여 그 답을 제시하는 일에서부터 태권도 철학은 시작된다.

태권도 철학을 하기 위해서는 철학적 연구 방법론을 익히고 그 토대 위에서 태권도를 철학할 수 있다. 멀리서 찾기보다는 자신의 주변에서 문제를 찾아보고, 그것에 대하여 비판과 논증을 통하여 보다 확고하게 학문을 정립하는 절차가 필요하다. 학으로서의 태권도의 정체성, 태권도의 학문성과 전문성, 태권도의 개념 정립, 태권도의 윤리, 미학, 예술 등을 연구하는 분야가 태권도 철학이 될 것이다.

55 여성 스포츠와 여성이 하는 스포츠

우리말에 '아' 다르고 '어' 다르다는 말이 있다. 여성 스포츠와 여성이 하는 스포츠가 분명 다르지 않다고 생각되지만, 아주 많이 다른 점을 발견할 수 있다. 여성 스포츠라는 고유명사가 아니라 '여성이 하는'이라는 형용사 표현이 제대로 된 표현이다. 우리가 영화 〈그들만의 리그〉에 대하여 얘기할 때 여성 스포츠 영화 혹은 여성 영화라고 하는 것 자체에도 차별적인 의미를 내포하고 있다. 그냥 여자들이 중심이 된 영화로 여자들의 문제를 제시하고 있을 뿐이다. 이 영화에 나타난 성차별적 장면 세 가지를 꼭 집어 말해 보자.

첫째, 외모 대 실력이다. 영화 〈그들만의 리그〉에서 프로 여자 선수의 제일 조건은 외모였다. 못생기면 선수로도 고용이 되지 않았다. 실력보다 외모가 선발 조건에 영향을 미친다. 남성 관중 몰이를 위해 미인이 되어야 한다는 논리다. 실력과 외모라는 엄청난 모순을 가진다. 남자 선수의 경우는 외모보다는 실력이 높이 평가받는다. 이런 분위기에서 여자 선수의 경우 남자와 같은 적용을 하면 별 문제가 없을 것 같은데 현실은 그렇지 않다. 외모보다는 실력을 중심으로 하면 된다. 하지만 프로는 입장료 수입을 무시할 수 없기 때문이다.

둘째, 백인 대 흑인이다. 영화 속 흑인 여성들은 뛰어난 실력을 겸비했지만 흑인이라는 이유로 경기 참가를 허락받지 못했다. 그들만의 리그는 성차별을 말하고 있지만 영화 속에 존재하는 인종차별을 해결하지 못하는 한계를 보여 준다. 미국의 프로 야구 역사에서 보면, 흑인 선수로 구성된 팀이 있었다. 흑인 선수들은 메이저 리그에서 활약할 수 없었기 때문에 니그로 리그를 만들어 경기를 했었다.

셋째, 치마 대 바지다. 선수들의 유니폼이 미니스커트라는 사실이다. 경기를 위하여 남자 선수들이 바지를 입는 것과는 달리 치마를 강요하는 것은 지적받을 내용이다. 활동 면에서 바지가 훨씬 편하지만 여성미를 살리기 위해서는 치마가 더 요구된다. 이것은 엄연한 사실이다. 행동을 우아하고 조심스럽게 해야 하기 때문에 불편하다. 그럼에도 불구하고 치마를 강요하는 것은 프로의 특성을 살려 관중 몰이를 하려는 얇은 수라고 할 수 있다. 국내 여자 프로 농구 개막 때에도 선수들 몸에 밀착되어 몸매가 드러나는 유니폼을 강요한 바 있다. 시대가 달라도 유치한 발상은 여전하다.

이를 극복할 수 있는 방안은 다양하겠지만 이 지면에서 추구하는 이상적 대안은 양성성의 존중과 동화주의 이론의 현실적 구현이라고 할 수 있다. 성차별의 심각성에 대하여 공감을 하고 있지만 머리로만 알고 있고 현장에서 실천하지 못하고 있는 것이 문제다. 남성 중심 사회에서 여성은 자신의 권리를 주장하고 양성 평등한 사회를 만들기 위해서 노력해야 한다. 남성과 여성이 다르다는 입장에서 서로의 차이를 존중하는 것이 필요하다. 차이의 다양성을 인정하고 소통과 대화를 통하여 근본적인 문제를 해결하는 것이 요구된다.

56 무도의 길

싸움과 무도의 차이는 무엇일까? 싸움은 절제와 규칙을 지키지 않는다는 점에서 무도와 차이를 둔다. 적어도 무도는 절제할 줄 알며 규칙을 지킨다. 싸움은 주로 양아치가 하는 것이고, 무도는 무도인이 행하는 것이다. 싸움은 감정을 조절하지 못하고 분출로 인하여 나타나는 폭력이다. 무도는 싸움의 단계를 넘어선 달인의 길이며 무도인의 길이다. 어떻게 보면 종이 한 장 차이라고 할 수 있겠지만, 그 작은 차이는 운명을 결정한다. 이후에서 무도의 길에 대하여 생각해 보자.

첫째, 인간성 회복의 길이다. 무도를 통해서 우리가 실현할 수 있는 현실적 대안으로 인간성의 회복을 들 수 있다. 이미 물신화되어 버린 현실에서 물질적 이익보다는 인간성을 회복하는 데 무도가 앞장서야 한다. 상실된 인간성을 회복하는 것은 과잉된 경쟁 정신을 불식시키고 평화와 화합, 상생의 정신을 가르치는 것이다. 이해타산의 이성만을 키우는 것이 아니라 가슴 따뜻한 감성을 키우는 것이 더 필요하다. 모두들 머리만을 키우고 가슴을 키우는 일은 하지 않는 것이 문제라면 문제다.

둘째, 인간화의 실현이다. 무도는 싸움꾼을 만드는 것이 목적이 아니라, 무도를 통하여 인간을 만드는 것이 목적이다. 무도의 사회화라고 할 수 있다. 무도 수련을 통해서 절제와 끈기 그리고 규칙준수 등을 몸으로 익힐 수 있다. 몸으로 배운 것은 잊히지 않는 특성을 이용하여 인격 훈련의 장으로 인간화를 실현하기 위한 노력이 필요하다.

셋째, 무도인의 탄생이다. 무도를 하는 것은 싸움을 잘하기 위한 일차적 목적이 있지만, 궁극적으로 사람이 되기 위해 무도를 수련하는 것이다. 무도인은 싸움꾼이 아니라 인격을 갖는 존엄한 인격체다. 그렇기 때문에 무도인은 싸움의 문제를 지적하고 그것을 넘어서기 위한 노력과 늘 깨어 있기 위한 노력이 필요하다. 무도인은 인격적 성숙에 도달한 사람을 의미한다. 성숙한 인격을 위해 무도에 종사하는 사람들이 각성하고 노력할 때다.

인간화를 위한 무도의 꿈은 실천적인 노력을 통하여 현실화할 수 있다. 비인간화되고 있는 무도를 비판하고 인간화와 인간성 회복을 위한 노력이 필요하다. 점점 상실해 가는 인간성을 회복하기 위해서 무도는 그 역할을 다해야 한다. 상업화되고, 과잉된 경쟁은 무도를 파괴시키는 암적 요인이다.

건강화와 건전화를 지향하는 무도가 거듭나기를 중단해서는 안 된다. 계속하는 길만이 발전하는 길이다.

57 핸드볼을 생각한다

기대하지 않았던 인기를 한 몸에 받은 영화가 있다. 그 영화는 바로 〈우리 생애 최고의 순간〉이다. 이 영화의 타이틀 뒤에는 세계 최초의 핸드볼 영화라는 소개가 이어진다. 국내 관중 동원 몇 백만을 얘기하고 전국을 강타했다. 핸드볼이 열리는 경기장에는 관중이 없었지만 영화관의 관람객은 넘쳐났다. 어떻게 보면 모순이 아닐 수 없다. 실제 경기에는 관중이 없고 가상의 경기에는 넘쳐 났으니 말이다.

핸드볼은 국내 스포츠 종목 중에서 비인기 종목으로 구분되어 있을 뿐 아니라 실업팀도 몇 개 없다. 실업팀을 보면 남자보다 여자가 조금 더 낫다. 하지만 올림픽에서 구기 종목 가운데 메달을 기대할 수 있는 종목이며 매번 매달을 따는 효녀 종목이 바로 핸드볼이다.

국내에서 핸드볼이 열리는 경기장을 찾아보면 관중은 얼마 되지 않는다. 그 관중의 대부분은 선수들의 가족이다. 국내 경기에서 가족만이 관중의 전부인 반면에, 올림픽 때 특히 2004년 아테네 올림픽에서는 전 국민을 열광의 도가니로 몰아넣었다. 하늘과 땅 차이로 올림픽 때는 최고, 국내 경기에서는 최하의 인기 없는 종목으로 떨어진다. 프로 야구 1개팀이면 핸드볼 팀 여러 개를 만들 수 있지만, 그래도 실업팀은 몇 개 되지 않는다. 그럼에도 불구하고 팀 창단은 없다. 왜냐하면 핸드볼이 갖는 홍보 효과가 없기 때문이다. 이런 까닭으로 핸드볼은 그들만의 리그를 운영할 수밖에 없다. 영화 〈우리 생애 최고의 순간〉에서 발견되는 문제를 찾아보자.

첫째, 핸드볼 선수는 순진하다는 내용이다. 영화 내내 순진한 형태의 선수와 선수 겸 지도자인 선수의 모습도 보여 준다. 핸드볼만이 아니라 이 땅의 선수들은 순진하다. 여기서 순진하다는 것은 머리가 나쁘다는 것이 아니라 계산적인 머리를 쓸 줄 모른다는 것이다. 영화 속에 등장하는 전직 핸드볼 선수였던 남편은 사기를 당하여 도망쳐 다니는 신세가 된다. 사기당하기 쉬운 사람들 중 하나가 운동선수 출신이다. 순종과 복종만을 배우고 운동 기능만 배웠기 때문이라고 그 궁핍한 이유를 대기도 쉽지 않다.

둘째, 핸드볼 선수의 미래는 어둡다는 것이다. 운동선수로서 핸드볼 선수의 미래는 밝지 않다. 국내에 몇 개 없는 핸드볼 팀, 취업을 위해서는 유럽으로 진출해야 하는 운동이 핸드볼이다. 야구와 축구에 비하여 같은 운동을 했는데도 미래가 더 불투명하다. 대학 선수로서 선수 생활을 접어야 하는 경우가 있다. 선수 생명이 짧다는 단점이 있다. 해외 진출을 하면 되는데 그것도 쉽지만은 않다. 유럽에서 선수 생활을 연장하고 국내로 돌아와서 지도자가 되는 경우는 소수에 불과하다. 그 많은 핸드볼 선수를 수용하지 못한다.

학창 시절에 운동을 열심히 했는데 취직할 실업팀이 없어 어두운 미래를 걱정해야 한다. 비인기 종목의 설움이지만, 올림픽에서 매번 메달을 따는 경기에 대해 관심을 가져 달라고 외쳐 보아도 올림픽이 끝나면 다시 외면을 받는다. 그 이유는 핸드볼의 재미를 알지 못하기 때문이다. 핸드볼 경기의 스피드와 많은 골 등의 매력을 발견하지 못하고 올림픽 때만 관심을 갖게 만들기 때문이다. 미디어의 중계를 자주 하지 않는 데도 원인이 있다.

그럼에도 불구하고 핸드볼 선수들의 열정은 매우 강하다. 특히 여자 핸드볼 선수의 경우 결혼 후에 선수 생활을 지속하는 아줌마 선수들의 활약에 의하여 2004년 아테네올림픽에서 은메달을 딸 수 있었다. 은퇴할 나이에 선수 생활을 할 수 있는 것은 이들의 강한 정신력 때문이라고 할 수 있다. 그 외에 핸드볼에 대한 무한한 사랑이 이들에게 핸드볼을 지속하게 만든다. 이들의 핸드볼 사랑과 열정이 식지 않도록 핸드볼에 대한 재정적 지원과 사회적 관심이 필요한 때이다.

58 대학 스포츠가 변해야 학생 선수가 산다[7)]

대학 스포츠의 문제에 대하여 이미 많은 학자들이 주장해 왔다. 최근에는 모 언론사에서도 '죄송합니다. 운동부입니다' 라는 프로그램을 통하여 대학 학생 선수에 대한 문제를 제시한 바 있고, 공부하는 학생 선수를 위한 대학축구협회의 'U-리그' 프로그램의 운영은 바로 대학 스포츠가 변해야 한다는 것을 잘 지적한 예다. 변화는 발전을 위한 순서다. 세상에 변하지 않는 것은 없다. 단지 그 시기가 빠르고 늦고 하는 차이만 있을 뿐이다. 환경의 변화에도 불구하고 변화를 싫어하는 것은 게으르거나 아니면 기득권을 유지하려는 생각 때문이다. 이미 대학 스포츠에 문제가 있다는 것을 여러 경로를 통해 알 수 있었다. 정답은 누구나 알고 있다. 다만 실천하지 않을 뿐이다. 그렇다면 대학 스포츠가 어떻게 변화해야 하는

---

7) 이 글은 스포츠 포럼 21, 제39호(2008년 6월 30일)에 실었던 글이다.

가에 대하여 알아보자.

우선, 학생 선수의 학과 선택의 자유와 권리를 보장하는 것이다. 대학은 공부하는 곳이다. 하지만 그동안 학생 선수들에게는 해당 사항이 없는 일이었다. 승리만을 위하여 합숙소 생활이라는 격리된 단체 생활을 해 왔다. 공부는 소홀히 하고 오직 대학 홍보를 위한 승리에 매진했다. 적어도 대학은 학생 선수에게 공부할 수 있는 여건과 기회를 만들어 주어야 한다. 그렇지 않고 운동만 시키면 운동기계를 양산하게 될 가능성이 높다. 이러한 폐단을 막기 위해서는 현행 운영되고 있는 체육 특기생 동일계 지원 제도를 개혁해야 한다. 적어도 학생 선수의 학습권을 보장하고 자신이 원하는 학과를 자유롭게 선택할 수 있도록 기회를 주어야 한다.

다른 하나는 체육 특기생의 대학수학능력 점수를 높이는 것이다. 지금처럼 형식적으로 있으나 마나 한 것에서 벗어나 실질적 적용이 필요하다. 그렇게 되면, 공부하지 못하면 아무리 운동을 잘해도 대학에 갈 수 없다는 인식의 변화가 초등학생에서부터 고등학생까지 생겨날 것이다. 운동만 잘하면 대학에 갈 수 있다는 잘못된 인식을 어린 선수들이 더 이상 가질 수 없게 한다면, 학생 선수들은 공부를 소홀히 하지 않을 것이다. 대학의 학생 선수들은 운동과 공부를 병행한다는 것에 대하여 자긍심을 가지며, 공부하는 학생 선수로서 거듭날 것이다. 그래서 학생 선수들은 공부도 잘하고 운동도 잘하는 전인적 학생이 될 수 있을 것이다.

이와 같은 주장에 대한 반론도 예상된다. 대학 스포츠가 변화하게 되면, 엘리트 스포츠가 고사되어 스포츠 강국의 자리를 상실하게 된다는 우려다. 대학 스포츠는 국가 스포츠의 발전을 위해서 그동안 희생을 많이 해 왔다. 대학 스포츠는 엘리트 스포츠를 위해서 필요하다는 강박 관념에서 자유로울 필요가 있다. 이제 엘리트 스포츠의 발전은 대학보다는 실업팀과 프로팀에서 전담해야 한다. 그렇게 되면 지금처럼 대학 스포츠에서 전문 선수를 선발하여 세미프로와 같이 운영하는 일은 없을 것이며, 전문 선수 중심의 막대한 비용을 투자하는 일도 없을 것이다. 이 비용을 대학의 스포츠 시설과 프로그램 지원으로 전환한다면, 대학 캠퍼스에서 스포츠를 즐기는 학생들이 넘쳐 나고 대학은 지금보다 더 활기를 띨 것이다.

앞에서 대학 스포츠가 변해야 학생 선수가 살 수 있는 두 가지 근거를 제시하고 그것을 통해 당위성을 찾아보았다. 근본적으로 대학 스포츠를 생각하면 지금의 대학 스포츠는 왜곡된 것이며, 본래의 모습에서 많이 벗어나 있다. 지금처럼 공부하는 학생 선수를 만들기 위한 사회적 분위기와 대학의 노력들이 지속적으로 이어지게 하기 위해서는 앞에서 말한 체육 특기자의 동일계 지원 제도와 최저 수능 점수의 상향을 고려해 보아야 한다. 처음 운동을 시작하는 학생들이 공부를 못하면 자신이 원하는 대학에 갈 수 없다는 생각을 가질 수 있도록 사회적 분위기를 만들어야 한다. 그렇게 되면 공부에 소홀히 하는 학생은 이 땅에서 사라질 것이며 대학 스포츠도 변할 것이다. 그 결과 학생 선수들은 완전한 인간으로 살아날 것이다.

59 보다 아름답고, 보다 즐거운 스포츠8)

2008년 베이징올림픽의 개막식이 얼마 남지 않았다. 일본, 한국에 이어서 아시아에서 열리는 3번째 올림픽이다. 베이징올림픽은 지구촌 모든 나라의 관심의 대상으로 전 세계의 시선은 중국을 향하고 있다. 경제 대국을 향한 중국은 자본주의 시장경제 체제를 수용하여 경제적으로 급성장을 하고 있다. 그 만큼 중국은 잠재력이 크다. 중국은 경제 대국이 되기 위하여 세계를 향하여 기지개를 펼치기 시작했다. 다만 베이징올림픽을 앞두고 중국은 인권문제, 대지진 그리고 올림픽 성화 봉송 과정에서 나타난 과열된 민족주의 때문에 어려움을 직면하고 있다. 하지만 올림픽은 인류 화합의 축제이기 때문에 베이징올림픽은 성공적으로 개최되어야 한다.

성공적인 올림픽 개최를 위해서, 몸의 지향하는 특성과 올

8) 이 글은 계간 〈불교와 문화〉 2008년 8월 호 〈문화의 중심에 선 스포츠〉라는 특집 기사에 게재된 글이다.

림픽의 성격을 알아야 한다. 근대 올림픽의 모토를 보면 그 성격을 상세하게 알 수 있다. '보다 빠르게, 보다 높게, 보다 강하게'라는 모토가 상징하는 것은 근대인들의 외형적 성취다. 누가 얼마나 빠른가 하는 것은 초시계의 등장과 함께 측정을 하면서 인류의 관심사가 되었다. 인간이 아무리 빠르게 달려도 치타보다 더 빠르게 달리 수는 없다. 그럼에도 불구하고 인간들은 누가 더 빠른지에 관심을 가진다. 그 결과 매년 세계 신기록과 올림픽 신기록은 갱신을 더하고 있다. 결과로만 보면 인간들의 모습은 진화를 거듭하고 있다. 100미터를 9초 74로 뛸 수 있다고 누가 생각이나 했을까. 그런데 현실이 꿈이 아니라 지금 당장 나타나고 있다. 이러한 놀라운 기록은 바로 인간의 진보이기보다는 과학기술의 발전에 영향을 받아 얻어낸 인간의 성취다. 과학의 힘이 없었다면 상상도 할 수 없었던 일이다.

근대 올림픽의 외적 성장에 비해 내적 성숙은 따라 주지 못했다. 성장을 위해서 선수들에게 향하는 몸닦달의 모습을 볼 수 있다. 기록 향상을 위해서 과잉된 훈련과 약물 복용, 민족주의, 상업주의가 넘쳐 났기 때문이다. 근대 올림픽의 모습에서 과학의 본질이라고 할 수 있는 닦달의 특징을 발견할 수 있다. 무엇인가를 얻기 위하여 지도자들은 선수들을 몸닦달하기 시작하였다. 몸은 자유로운 표현과 성취를 통해서 거듭나는 특성을 가지고 있다. 이러한 몸의 욕구는 차단되고 오직 기록과 승리를 향하여 조련되고 만들어진다. 그 결과, 올림픽 신기록과 국가의 승리를 보장받을 수 있지만 인간성이 사라지는 모순을 경험하게 된다. 올림픽은 인간을 중심에 두고 인간을 위한 올림픽이 되어야 한다. 하지만 역으로 올림픽 때문에 체중 조절과 과잉된 훈련, 약물 복용 등 선수들의 몸을 닦달하게 만들게 하였다. 몸을 닦달하는 것은 몸을 황폐화시키고 죽어가게 한다. 몸의 성장만을 위한 닦달에서 벗어나 몸의 성숙을 향한 몸 닦기에 대한 관심이 필요할 때다.

우리의 일상용어 중 몸을 닦는다는 말이 있다. 여기서 몸을 닦는다는 것은 몸에 묻은 때를 닦아서 몸을 깨끗이 한다는 것이다. 이때 몸은 눈으로 보이는 몸이다. 우리가 일상생활에서 목욕을 하는 것은 몸의 때를 닦기 위해서다. 하지만 때는 보이는 몸에만 있는 것이 아니라 마음에도 있다. 욕심, 시기, 질투 등이 그것이다. 마음의 때를 닦을 필요가 있다. 그래서 몸 닦기는 두 가지로 나타난다. 하나는 눈으로 확인할 수 있는 몸의 때를 닦는 것이고, 다른 하나는 눈으로 볼 수 없는 마음이라는 몸의 때를 닦는 일이다. 내면의 아름다움은 바로 내면의 때를 닦는 일에서 시작된다. 아름답고 즐거운 스포츠를 위해서 노력하는 일은 앞에서 말한 보다 빠르게, 보다 높게, 보다 강하게 하기 위하여 몸을 닦달하는 것에서 벗어나 몸의 성숙을 향하여 나아가는 일이다. 단지 외적 성취라고 할 수 있는 올림픽의 메달 집계, 금메달의 수가 아니라 몸을 닦고 몸의 성숙을 향한 노력이 요구되는 것도 여기에 있다.

우리는 흔히 올림픽과 관련하여 국가를 스포츠 강국과 스포츠 선진국으로 구분한다. 스포츠 강국은 올림픽에서 세계 10위 안에 들어가는 것이다. 그래서 언론이나 매체에서는 금메달 사냥에 나선다고 표현한다. 1960년대 근대화를 시작한 이후, 나라를 세계에 알리기 위해서 손쉽게 할 수 있는 방법이 올림픽에 참가하여 금메달을 따는 일이었다. 금메달을 목에 걸어서 세계에 한국을 알리는 것 외에 다른 방법이 없었다. 그래서 태릉선수촌을 만들어서 선수들을 혹독하게 훈련하여 올림픽에서 좋은 성적을 거두어들였다. 그래서 4회 연속 올림픽에서 세계 10위권 내를 유지하는 스포츠 강국의 면모를 과시했다. 올림픽 순위는 바로 그 국가의 경쟁력을 나타내는 상징적 지표다. 이 때문에 한국 또한 엘리트 스포츠의 강화만을 통해서 세계 10위를 위하여 선수들을 닦달하는 결과를 가져왔다. 그 결과 몸의 성장을 통해서 성취를 얻어냈다. 반면에 인간성 상실이라는 문제를 가지게 되었다. 즉 외적 성취를 얻어 냈지만 내면의 병리라는 고질적인 병을 얻게 되었다.

몸의 외적 성취는 올림픽 세계 10위에서 확인된다. 세계 10위는 스포츠 강국이라고 할 수 있는 성적이다. 하지만 체육 대학 입시 비리, 성폭력, 선수 폭력, 심판 매수, 승부 조작, 약물 복용 등 심각한 내면의 병리 현상이 나타나게 되었다. 이것은 몸의 성장만을 생각하고 스포츠 강국의 체면만을 중시하기 위해 선수들의 몸을 닦달한 것에서 비롯된 것이다. 이제는 변해야 한다. 변하기 위한 시도로서 보다 아름답고,

보다 즐거운 스포츠를 관람할 수 있고 직접 땀을 흘릴 수 있어야 한다. 올림픽도 베이징올림픽을 계기로 변해야 하고 우리 자신도 몸을 닦달하는 일에서 몸을 닦는 것으로 변해야 한다. 그래야 몸을 죽이는 운동에서 벗어날 수 있고 몸을 살릴 수 있게 된다. 이를 위해서 모두가 함께 스포츠를 즐길 수 있도록 기회를 늘리고 참가할 수 있는 동기를 부여해야 한다.

엘리트 스포츠의 전유물이었던 시설과 재정을 이제는 일상에서 스포츠를 하는 모든 이들이 함께할 수 있도록 되돌려 주어야 한다. 그래서 몸을 닦달하는 것이 아니라 몸을 닦는 사람들이 늘어나서 몸의 성장과 함께 몸의 성숙을 위해서도 노력해야 한다. 덧붙여 스포츠 강국에 대한 강박 관념에서 벗어나 스포츠 선진국으로 우리의 시선을 향해야 한다. 왜냐하면 스포츠 강국은 인간보다는 금메달로 상징되는 기록과 승리를 강요하지만, 스포츠 선진국은 아름답고 즐거운 스포츠를 즐기는 사람이 더 우선시되기 때문이다. 이제 우리는 베이징올림픽에서 금메달 숫자에 목매기보다는 보다 아름답게, 보다 즐겁게 스포츠를 할 수 있고, 관람할 수 있어야 한다. 이를 실천하기 위해서는 몸의 주체성을 회복해야 한다. 몸의 주체성은 몸닦달에 있는 것이 아니라 몸 닦기로 가능하다. 이는 인간화를 위한 스포츠를 향해 가는 길이기도 하다. 그 길은 보다 빠르게, 보다 높게, 보다 강하게라는 몸을 죽이는 일에서 벗어나 '보다 아름답고, 보다 즐거운' 스포츠를 향한 몸 살림에서 시작될 것이다.

60 체육 정책의 기조는 정치에서 자유로울 수 없나[9)]

〈정권 변동에 따른 정치 이념과 체육 정책 기조〉의 발표문을 읽고 생각하게 된 것은 발표문이 내용 정리와 체계가 논리적으로 잘 구성되어 있어서 이해하기가 쉽다는 점이다. 첫인상은 선행 연구를 잘 분석하여 정리하고 있다는 것에 비하여 발표자의 생각을 발견하기 쉽지 않다는 점이다. 개인의 입장은 드러내지 않고 선행 연구에 대한 검토를 통하여 자신의 입장을 제시하고 있다는 인상을 받았다. 그래도 의문이 생겨서 몇 가지 질문을 하려고 한다.

첫째, 체육 정책 기조의 핵심은 무엇인가? 이 논문의 전체 내용을 검토하다 보면, 결론은 정권 변동에 따라서 정치 이

9) 이 글은 2008년 4월 19일 한국체육철학회 춘계학술대회(서울여자대학교)에서 발표한 추근도의 〈정권 변동에 따른 정치 이념과 체육 정책 기조〉에 대한 논평이다.

념이 변화하고, 정치 이념에 따라서 체육 정책이 수립된다는 내용으로 이해할 수 있었다. 각 정권의 정치 이념에 따라 체육 정책이 결정된다면, 체육 정책의 기조는 불변하는 것인가 아니면 유동적인 것인가에 대한 의문을 가지게 되었다. 만약 정치 이념에 따라서 체육 정책의 기조가 변한다면, 각 정권마다 체육 정책이 변화해야 한다는 필연적 결론에 도달하게 된다. 그렇다면 일관된 체육 정책의 기조는 불가능한가?

둘째, 역사 혹은 정책 연구에서 시대 구분은 매우 중요하다. 정권 변동의 기준을 1980년대로 설정한 근거 내지 이유에 대하여 의문점이 들었다. 선행 연구를 찾아보니까 군사정권과 문민정부 혹은 각 정권을 비교하는 논문들을 찾을 수 있었다. 어떤 의도에서 이와 같은 기준을 설정했는지, 혹은 시대 구분에 따라서 다르게 해석될 수 있지 않은지 묻고 싶다. 발표문에서 연구 대상의 폭이 너무 광범위하기 때문에 명확한 정권 변동에 따른 체육 정책의 차이를 구분하기가 쉽지 않았다.

셋째, 1980년대 이전과 이후의 비교와 차이에 대한 논의가 생략되어 있어 양 시기를 분명하게 이해하는 데 한계가 있다. 양 시기를 구분하여 상세하게 서술하고 있지만 비교를 명확하게 보여 주지 못하기 때문에 어떤 차이가 있는가를 명확하게 이해하기 어려웠다. 1980년대 이전과 이후의 비교를 통해서 얻을 수 있는 것이 있다면 무엇인지에 대하여 설명을 듣고 싶다. 체육 정책의 목표를 설정할 때 국가 발전 혹은 개인 발전에 따라서 정책이 변화되고 있다고 생각된다. 한국 체육 정책의 이상과 현실에 대하여 발표자의 고견을 듣고 싶다. 또한 이상과 현실의 괴리를 해결할 수 있는 방안은 있는가?

넷째, 발표문에서 '문민정부의 체육 정책이 퇴보를 가져왔다.'는 판단의 기준은 무엇인가? 기준이 명확하게 드러나지 않고 결과만을 주장하고 있기 때문에, 어떤 측면에서 문민정부의 체육 정책이 실패했다고 할 수 있는지에 대한 보다 구체적인 근거와 이유가 있어야 한다. 문민정부와 군사 정권의 체육 정책은 목표에서 차이를 가질 수 있다. 군사 정권은 정치의 정당성 확보와 국가 홍보, 국민 단합, 국가 발전이라는 정치적 입장에서 체육 정책을 수립했다면, 문민정부의 경우 대외적으로 국가를 홍보하기 위함보다는 대내적으로 개인의 즐거운 삶과 삶의 질에 정책의 목표를 설정했다고 볼 수 있다. 체육 정책에 대한 경제적 투자비용만을 가지고 평가하기보다는 다양한 차원에서 체육 정책이 분석되고 평가되어야 한다.

이상과 같이 이 논문을 읽고 네 가지 정도의 의문을 가질 수 있었다. 발표문에서 정권 변동에 따라서 체육 정책이 변화 혹은 변천했다는 결과를 확인할 수 있었다. 그 변화의 핵심은 정치 이념에 따른 체육 정책의 목적 및 목표의 차이에서 찾을 수 있다. 국가 발전과 국가 홍보를 위한 차원에서 엘리트 체육에 중점을 둔 체육 정책을 펼쳤다고 보고, 문민정부

이후에는 국가보다는 개인의 삶의 질에 무게를 두었기 때문에 생활체육에 관심을 둔 체육 정책으로 연결되었다고 생각한다.

그렇다면 체육 정책의 이상은 무엇인가? 만약 이상을 체육의 미래성과 방향성에서 찾는다면, 국가 홍보와 국가 발전보다는 개인의 삶의 질, 개인의 자기실현의 차원에서 체육 정책이 마련되는 것이 올바른 방향이 아닌가 생각한다. 이제는 정치 변동의 영향보다는 경제 변화와 그에 따르는 국민 의식에 의해서 체육 정책의 기조가 변할 수 있다고 본다. 이를 무시한 국가 위주의 체육 정책은 전시 행정일 뿐 국민들로부터 외면받는 정책이 될 가능성이 높다.

스포츠 생각 60

글쓴이 · **이학준**

펴낸이 · **조승식**

펴낸곳 · (주) 도서출판 **북스힐**

등록 · 제 22-457 호

주소 · 142-877 서울시 강북구 라일락길 36

이메일 · bookswin@unitel.co.kr

홈페이지 · www.bookshill.com

전화 · (02) 994-0071(代)

팩스 · (02) 994-0073

2009년 3월 1일 1판 1쇄 인쇄

2009년 3월 5일 1판 1쇄 발행

가격 · 9,000원

ISBN · 978-89-5526-551-4